U0945155

新华学术·思享者

新华学术系列图书：

《哲学家的六张面孔》［美］贾斯汀·史密斯 著

《人类道德自然史》［美］迈克尔·托马塞洛 著

《想透彻：当代哲学导论》［美］夸梅·安东尼·阿皮亚 著

《法国人是如何思维的》［英］苏迪·哈扎里辛格 著

《木偶的灵魂：自由只是一种错觉》［英］约翰·格雷 著

《动物的沉默：人类优越论是一种偏见》［英］约翰·格雷 著

《反利维坦：政府权力与自由社会》［美］罗伯特·希格斯 著

《道德之弧：科学和理性如何将人类引向真理、公正与自由》［美］迈克尔·舍默 著

《民主的反讽：美国精英政治是如何运作的》（第15版）［美］托马斯·戴伊 著

《权力精英》［美］C·赖特·米尔斯 著

《政府为什么会失败》［美］兰迪·T. 西蒙斯 著

《幸福乌托邦：科学如何测量和控制人们的快乐》［美］威廉·戴维斯 著

《文化的重要作用：价值观如何影响人类进步》［美］塞缪尔·亨廷顿 主编

《电影院里的哲学课》［英］克里斯托弗·法尔宗 著

《哲学能做什么》［美］加里·古廷 著

《非常识：最聪明哲学家们的最奇怪思想》［美］安德鲁·佩辛 著

《思想者心灵简史：从苏格拉底到尼采》［美］詹姆斯·米勒 著

《道德哲学十一讲》［英］艾里克斯·弗罗伊弗 著

《没有标准答案的哲学问题》［美］菲尔·沃什博恩 著

《我们如何思维》［美］约翰·杜威 著

《论人的本性》［美］爱德华·O·威尔逊 著

《对权威的服从：一次逼近人性真相的心理学实验》［美］斯坦利·米尔格拉姆 著

公众及其问题

论政治探究

[美] 约翰 · 杜威◎著

魏晓慧◎译

THE POLITICS OF INNOVATION

WHY SOME COUNTRIES ARE BETTER THAN OTHERS AT SCIENCE AND TECHNOLOGY

新 华 出 版 社

图书在版编目（CIP）数据

公众及其问题 / (美) 约翰・杜威著 ; 魏晓慧译.
-- 北京 : 新华出版社, 2017.8
书名原文: The Public and Its Problems
ISBN 978-7-5166-3456-1

Ⅰ. ①公… Ⅱ. ①约… ②魏… Ⅲ. ①公众 - 研究 Ⅳ. ①C912.2

中国版本图书馆CIP数据核字（2017）第214561号

公众及其问题

作　　者：[美] 约翰・杜威　　**译　　者：**魏晓慧

选题策划：黄绪国　　**责任印制：**廖成华
责任编辑：段晓红　　**封面设计：**臻美书装

出版发行：新华出版社
地　　址：北京石景山区京原路8号　　**邮　　编：**100040
网　　址：http://www.xinhuapub.com
经　　销：新华书店
购书热线：010 - 63077122　　**中国新闻书店购书热线：**010 - 63072012

照　　排：臻美书装
印　　刷：北京凯达印务有限公司
成品尺寸：148mm × 210mm　1/32
印　　张：6.25　　**字　　数：**110千字
版　　次：2017年12月第一版　　**印　　次：**2017年12月第一次印刷
书　　号：ISBN　978-7-5166-3456-1
定　　价：39.00元

序（1927）

本书是 1926 年 1 月在俄亥俄州凯尼恩学院拉威尔基金会（Larwill Foundation of Kenyon College，Ohio）教学的成果。我获得了很多帮助，并就学院领导对出版延迟的宽容表示感谢。这段时间让我把最初的讲义进行了全面修订和丰富。因此这也使本书有时会引用在此期间出版的书籍。

再版序言（1946）

这本书写于大概 20 年前。我相信，对社会事件的介入确定了公众的地位及其与国家的关系，当时人们认为国家是有关人类关系的政治组织。最明显的是二战的后果，二战让世界局势退化至我们所说的“孤立主义”。一战也产生了类似效果，从而导致了国际联盟的出现。但是美国拒绝参加“国联”。尽管它拒绝的主要原因是不折不扣的民族主义，但更重要的是因为美国坚定认为“国联”的主要目的毕竟是为了保存即将胜利的欧洲国家的胜利果实。没有必要恢复以前的争议，讨论这种看法是否有道理，就我们目前讨论的问题来说，重要的问题在于，对时局的这种看法驱使美国拒绝加入“国联”。二战之后，美国态度大大改变，因此美国加入了联合国。

这一事实对本书就公众以及公众与社会政治生活的联系方面所采取的立场有什么意义？孤立主义的减少（尽管完全消

失可能还需要相当长的一段时间）证明，人们越来越意识到，国家之间的关系越来越具有构成公众的那种性质，因此政治组织采取一些手段。依然存在争议的，只不过是这些手段会是什么，政治权威将延伸至多大范围。有些人认为，要尽可能严格遵守联合国在旧金山所通过的准则。其他人则敦促对准则进行必要的修改，这样，才能建成有广泛政治权威的“世界政府”。

本书的目的不是要探讨哪一方是正确的。存在两方并且存在活跃争论本身就证明，国家间关系这个问题已经毫无疑问进入了政治问题的范畴，而在过去，国家不仅在名义上，而且在实际上实施着唯一主权。本书在文中指出，公众的范围界定，以及公众应该止于何处，隐私应从何处开始，这都是国内事务中至关重要的政治问题。最后一个积极提出的问题是全国性机构之间的关系，在过去，没有哪个全国性机构在执行对其他同等机构的政策中曾提到政治责任，以前曾承认道德责任。不过同样的情况也适用于私人以及非政治性关系中；主要的区别在于，在国家间关系中，违反道德责任更加容易，“主权”学说本身就是彻头彻尾地否认了政治责任。

这个问题现在获得了积极政治讨论本身也证明了文内提出的一个论点。我们讨论的关键并不在于“社会性”或“非社会性”，也不在于道德或是不道德。有些人认为应该更加重视国家关系间的道德责任，毫无疑问，这种看法让人们更加重视对这些关系后果所采取的行为，并要求成立某种形式的政治组织。不过只有最愤世嫉俗的人才会否认道德责任的存在。这些证据充分体现在，为了引起任何真正现代人对实际战争的兴趣，必须要进行宣传活动，证明战争政策在道德主张上是有优势的。从根本上来说，态度改变并非道德转变，而是从彻底不道德变为获得正当性。这源于对战争实际后果越来越强烈的认识。这种强烈的认识又是因为意识到与过去的战争相比，现代战争破坏性更大，其破坏性所影响的地缘政治范围也大得多。人们无法再宣称战争能够带来积极后果了，顶多只能说它是道德上较为不邪恶的一种选择。

国家间政治关系范畴的问题进入政治讨论领域本身也证实了本书强调的另一个重点。事与事之间界限应该在何处划分，这个问题留待个人考虑，而政治裁决已经正式成为全球性问题。至于这个问题的实际内容，总需具体问题具体分析。也就是说，这是具体真实效果的问题，永远不是固定不变的，也无法由抽象理论决定。与所有需要观察和陈述的事实一样，它在空间上是暂时的，而不是永恒的。国家只是一个神话。正如文内指出的，国家的概念是在特定的时空节点为了满足具体目的而出现的普遍规范和准则。

举例来说，假设与孤立主义和帝国统治所区别的联邦作为有效的准则获得了人们的接受。一些问题已经得到了解决，但是哪些事务属于联邦政府管辖范围、哪些不属于且仍需留待全国性机构决定的问题没有解决，联邦机构应该管辖什么不应该管辖什么的问题将变得越来越尖锐。要想就这个问题做出明智的决定，需要依靠预见采取其他政策可能导致的具体后果。与民主政治事务一样，截然不同的部门会存在从不同的利益冲突中寻找共同利益。调节各项事务不能靠友谊。通用理论可能的确会有用，但是只有把它用于辅助预见实际后果时才会有用，而非直接靠其本身。

截至目前，我一直在足够明显的事实领域内进行讨论，任何有足够意愿的人都能留意到它们。现在我进入了重要但悬而未决的假说领域。我在本书第二章提到“物质文化”变化时塑造具体条件的重要因素，它决定了“公众”这一形式的出现，并导致某种形式的政治干预。即使人们曾经怀疑过技术因素输入是否会给人类带来有社会意义的后果的话，那个时期也已经过去了。尽管技术发展对国内问题很重要，但其影响并不仅限于国内问题。之前提到过，战争的破坏程度大大增加是当代技术发展的直接后果。作为战争直接诱因的冲突和摩擦源自于人们无限增加且日益错综复杂的接触，而这也是科技发展的直接后果。

迄今为止，我们对全国性机构间相互作用的讨论依然在可观察到的事实范围之内，正如特定国内机构成员间的相互作用一样。现在尚未解决的问题是，未来难以压制的冲突在于经济因素决定特定后果的实际范围。查询词条“经济力量和政治”，可知经济对现代生活的巨大影响力而广受关注。但是涉及国家组织间的政治关系时，问题主要都是关于关税、最惠国待遇、报复措施等。人们普遍认为经济是影响全部政治组织的重要条件，当前工业必将需要特定形式的社会组织只不过是受到马克思著作影响的理论性问题。不过，尽管苏俄发生了革命，经济依然称不上国际政治中的实际问题。现在经济当然成为一个问题，现有迹象表明它成为决定未来国际政治关系的决定性问题。

认为经济是政治组织唯一决定因素，以及认为社会生活、科学、艺术、教育以及所有大众传播机构的每个阶段和每个方面都是由占主导地位的经济所决定的，这与“极权主义”所代表的生活类型完全相同。鉴于这种看法认为只有一种形式的经济机构能恰当满足社会条件，地球上只有一个国家充分实现了这种状态，它实际上存在一个突出的主要实际问题。

苏俄已经进入了一种权力和影响状态，其固有的极权主义哲学已经从理论范围延伸至全球民族国家实际政治关系领域。调整民主国家关系的问题使人们充分信任自由探究和公开讨论，把这些方式作为和平协商社会冲突的根本方法，同时，现在的主流看法是认为只存在一种真相，固定的、绝对的真相，因此不能公开探究并公开讨论。尽管我对在这两种立场之间何处划定界限的看法与民主国家绝大多数成员一致，但我在这里并不想讨论对错或真假的问题。不过，我不能不指出，有一种关于世界局势假说的证据太明显了，无法忽视，即范围问题以及共同人类事务实际结果严重性是有政治特征人类行为的决定因素。因此，政治发现和共同利益实施范围的问题是必须要解决的问题。

还有一点需要注意。文内多次提到，首先，意识到结果是结果发生不可分割的条件，其次，这种意识（针对足够范围等所有事情）取决于当时的知识水平，特别是科学手段适用于社会事务的程度。我们有些人一致坚持认为，科学与文化进步的关系与技术是一样的（例如发明创造的水平，比如说工具和机械，或者艺术进步，例如医学）。我们还认为，当前生活大部分可以修复的罪恶都源于科学手段在物理事实上的应用与在人类事实上的运用的不均衡状态；摆脱这些罪恶最直接最有效的方式是系统性地稳步努力发展科学手段在人类事务中的运用。

很难说我们在这个问题上的理论化方面取得了多大效果。具有理论化特征的事件的相对重要性，以及具有非常明显重要性从而引发了普遍关注的事件很好地展示在原子裂变中。其后果相当引人注目，以至于关于物理科学的实用性和无用性不仅存在极度混乱的讨论，而且为社会福利利益而控制科学的某些方面已经进入了政治领域——即政府讨论和行为。显而易见，由于文内描述了民事和军事对控制的参与，需要指出美国国会内存在的争论，以及联合国内部就通常来说所需控制最好方式的争论。

物理科学地位的道德问题已经不再新鲜。不过，尽管物理科学的结果对工业以及通过工业对社会的影响非常重要，但它未能将对科学行为和状态的观察带到政治领域。利用这些科学增加战争破坏性发展到了极为关注原子裂变的程度，就像现在的政治问题与我们的关系一样。

不仅有人坚持仅仅以道德观点看待科学，还有人坚持用完全片面的方式看待它。他们将目前的邪恶归咎于物理科学，似乎物理科学本身是起因，而不是遵循主流人类机构意旨的人类产物。因此他们把这些邪恶作为显而易见的证据，要求科学服从于他们所认为的道德楷模和标准，而忽视了如果不加劝解的话，就无法实现这种附庸性，除非设立某些拥有绝对权威的机构——这种方式，肯定会重现教会试图限制科学探究时标志性的冲突。如果他们采取这种立场，最终结果不是科学不顾政治和公众利益服从理想道德目标，而是会出现政治独裁，同时伴有那种社会组织模式的所有道德罪恶。

科学是人类构造的，像所有其他技术发展一样，是供人类使用的。但遗憾的是，“使用”包括误用和滥用。现在人们认为科学自成体系，就像现在常常把科学区分为“纯粹”和“应用”，然后指责它带来了社会邪恶，例如战争期间的经济失调和破坏，同时又期待让它服从于道德典范，这是没有好处的。反之，科学对我们形成了干扰，让我们无法利用我们的知识和最有效的观察方式进行最擅长的工作。这部作品是为了有效推进对社会政策后果以及机构安排的有效展望。

目 录

CONTENTS

序（1927）/ 1

再版序言（1946）/ 2

第一章　寻找公众 / 1

第二章　发现国家 / 31

第三章　民主国家 / 63

第四章　公众的消失 / 93

第五章　探寻大共同体 / 121

第六章　方法的问题 / 155

杜威年表 / 182

第一章

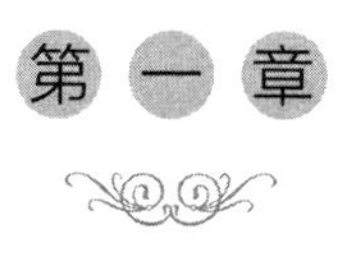

寻找公众

如果有人希望了解“事实”以及事实的含义之间的差距，应该从社会讨论领域入手。很多人似乎认为，事实的含义就在于事实本身。只要搜集足够的事实，它们的含义就昭然若揭了。据信自然科学的发展能证实这种看法。自然事实有获得人们信奉的能力，但这种能力并不是因为现象本身。它来自方法，来自研究和计算手段。没有人仅仅通过搜集事实就接受一种特定理论的含义，只要这个人有一套完整的学说能整理这些事实。只有当事实可用于自由启发新观点时，从信念到含义的重大转变才会发生。如果自然科学缺失了实验仪器和计算手法，即使原始事实是一样的，人类的想象力也可能迷失在各种解读理论中。

无论如何，社会哲学的事实和学说之间存在巨大的差距。举例来说，我们可以比较一下政治事实与关于国家性质的现行理论。如果调查者只观察现象的话，不难从国王、总统、议员、法官、警长、评审员以及其他公务人员的行为中发现一种合理的共性。与这种共性相对的，是对于国家的基础、性质、功能和正当性存在的各种分歧，以及意识到这种分歧似乎是无可救药的。如果有人需要的不是事实的罗列，而是国家的定义的话，他就会突然陷入争论中，陷入一堆矛盾的主张中。一种据说来自亚里士多德的惯例认为，国家是发挥了最大潜能的相互关联的和谐生活；这就使国家成为社会的基石，也是社会完整性的基石。而另一种看法认为，国家只不过是众多社会机构中的一个，拥有狭隘但重要的职能，即是其他社会单位冲突的仲裁者。[1]每一个团体都因人类某种既定的利益而产生，并为实现这种利益而存在，教会是为了实现宗教价值，行会、工会和同业工会是为了实现物质经济利益，诸如此类。然而国家没有自身利益，其目的是形式上的，就像交响乐团的指挥，自己并不演奏乐器，也不演奏音乐，其作用是为了确保其他乐手彼此配合齐奏出乐曲。不过还有

1 在《公众及其问题》之前，杜威曾持有两种观点。第一种观点是认为国家是有机的、兼收并蓄的，这个观点可见于杜威早期作品，并在1888年的文章中进行了论述（参见“民主伦理学”，227-250页）。第二种观点可见他于1919年和1920年在中国进行的一系列讲座，其中认为国家的职能是调节社会不同组织间的冲突（参见《中国演讲集，1919-1920》，125-132页）。——译者注

第三种看法，认为国家是有组织的镇压工具，从出现伊始就是社会毒瘤、寄生虫和暴君。第四种看法认为它是一种多少有些笨拙的工具，是为了防止人与人之间争吵得太厉害。

当我们研究这些不同看法的分支以及产生它们的土壤时，会感到困惑。有一种哲学思想认为，国家是人类联合的顶峰和集大成者，展示出人类各种不同能力的最高成就。这种看法最初形成于特定时代背景下。它发展于古老的城邦，在那里，只有完全自由的人才能作为一个公民参与戏剧、运动、宗教和政府共同体。但是这种看法流传了下来，并适用于当今的国家。另一种看法认为国家与教堂是并行的（这种看法的另一个分支认为政府从属于教堂），是神的世俗机构，目的是维持教堂外的秩序以及人们的礼仪。一种更现代的理论把国家及其行为理想化了，它借鉴了理性和意愿的概念，并将其放大化，认为国家是意愿和理性的客观表现，远远超过人类个体或个体集合所能表现出的愿望和目的。

不过，我们想写的并不是政治学说的百科全书或历史。因此，我们并不打算武断地提出政治行为事实现象以及对这些现象的解读之间基本没有什么共同点，要想跳出僵局，有一个办法，就是把所有有关含义和解读的问题置于区别于政治学的政治哲学范畴研究。这样就能指出，一切哲学都离不开无用的猜测。从中获得的教训是完全放弃所有学说，忠于有据可查的事实。

我们极力主张的这种解决方法简单又有吸引力。但是采用它绝无可能。政治事实无法孤立于人类的欲望和判断独立存在。如果人类对已有政治机构和形式的价值的判断发生改变，那么政治机构和形式多多少少也会发生改变。政治哲学的各种理论并不会脱离它们解释的事实而独立发展，它们只不过放大了事实中的某种因素。人类习惯维持并产生了政治现象，这些习惯是会发生更改变化的。这些习惯并非完全在理性目的和刻意选择的作用下产生，远远不是，但他们或多或少受到了它们的影响。有些人类群体一直攻击并试图改变某些政治习惯，而其他一些群体则积极支持并维护它们。我们不能假装认为我们能满足于事实，而不会在某个阶段提出法理的问题：即权力问题，合法性问题。这种问题总是会不断扩大，直到成为关于国家本身性质的问题。我们并不是要在限于事实的科学和不受控制的猜测之间做出选择，而是要在毫无根据的盲目攻击和防御以及明智的区别性批评和自觉的规范之间做出选择。

数学和自然科学声誉很高是有道理的。不过事实差异并不受人类欲望和努力的影响，事实某种程度上是因为人类利益和目的才成为其本身的样子，并随着后者的变化而变化，这是任何方法论都无法否认的。我们越真心渴望获得事实，就越需要区分决定人类活动的事实以及被人类活动决定的事实之间的差别。如果我们忽视这种差别，社会科学就会成为伪科学。杰弗逊主义者以及汉密尔顿主义者的政治理念并不是远离美国政治行为事实而单纯存在于人们脑海中的理论。它们是对事实某些特定方面和因素的表达，但它们还有更广泛含义：它们是一种力量，这种力量造就了这些事实，并将以这种或那种方式继续造就它们。有一种理论认为国家是保护个体现有权利的工具，另一种认为国家的职能是在个人之间更加均衡地分配权力，这两者之前的分歧并不是空穴来风。因为这些理论是由国会议员以及法庭的法官执行并实施的，并会对后续的事实产生影响。

我确信亚里士多德、斯多葛学派、圣·托马斯、洛克、卢梭、康德和黑格尔的政治哲学的实际影响常常被夸大了。然而不应因有时采用的判断这些思想效果的适当方式而否定它们，也不应因为这些思想没有发挥效果而否定它们。因为思想属于拥有身体的人类，而容纳思想的那部分身体结构和程序与执行行动的那部分身体是不可分割的。大脑和肌肉共同协作，就社会学来说，人类的大脑是比人类的肌肉体系和感觉器官更重要的东西。

我们并不打算进行政治哲学的讨论。国家的概念太僵化，争议太多了。它更易被侧面而非正面指责。每次我们说出“国家”一词，就有一批知识幽灵来模糊我们的视线。我们一不留神，“国家”理念就神不知鬼不觉地把我们拖进对各种不同思想逻辑关系的思考中，而不再考虑人类活动的事实，这完全不符合我们的意愿。如果可能的话，最好从后者开始，看看我们是不是能避免进入最终会展现政治行为标志和迹象的某种思想中。

这种方法没有什么新奇之处，但是很大程度上取决于我们选择从何处开始，取决于我们是否以最终说明“应然”或“实然”为出发点。如果我们过于关注“应然”的话，有可能会不经意间篡改所选事实，迎合预设。我们不应该从直接起因力量所导致人类行为阶段开始。我们也不应该寻找形成国家的力量。如果那样，我们可能会陷入神话学领域。用人类是政治动物的说法来解释国家起源是陷入了空谈的怪圈。[1]这就像把宗教归因于宗教本能，把家庭归因于婚姻和父母亲的感情，把语言归因于推动人类讲话的自然天赋。这种理论只不过是重复了所谓因果力量的后果。它们相当于说臭名昭著的鸦片的催眠力量可致人睡眠。

这个警告并非针对假想敌的。试图从严格“心理学”数据推导出国家或其他社会机构的努力是恰当的。用群居本能来

1 杜威所指的是亚里士多德的如下主张：“从这些事务（即社会生活的目的论结构）中可看出，城市是天生存在的事物，而人类天生就是政治动物”（参见亚里士多德的《政治学》）。——译者注

解释社会安排是懒惰谬论的典型例子。人类不会像水银滴一样聚在一起形成一大团，即使他们那样做，其结果也不会是国家或任何模式的人类协会。这种本能，不论是被称为群居性还是同感力还是相互依赖的感觉，抑或是一方的主导和另一方的屈尊或服从，顶多具有普遍性，而没有特殊性。在最坏情况下，被当作因果力量的所谓的本能和自然天赋代表一种生理学趋势，这种生理学趋势以前被它们应当解释的社会条件塑造成行为和预期习惯。生活在游牧群体中的人对他们习以为常的游牧部落生成了感情，不得不靠依附他人而生存的孩子发展出了依赖和服从的习惯。自卑感是社交获得的，炫耀和控制的“本能”只不过是它的另一种表现形式。有一些机体器官通过发声在生理上展示自己，就像鸟类的发声器官。不过狗吠和鸟叫足以证明这些本能趋势并不会产生语言。要想转变成语言，自身的发音需要得到外界条件的转变，既有器官也有超器官或环境的因素：值得注意的不光是刺激，还有构造。婴儿的哭泣毫无疑问可以用器官的方式解释，但是嚎啕大哭之所以成为一个词是因为它是其他人应激行为的后果。[1] 这种应激行为以培养和关爱

1 杜威在《人性和行为》第七章“习惯的冲动和改变”中写道：“婴儿从成人处获得的，远远不止生育，远远不止维持生命所需的食物和保护。他们从成年人处获得了以有意义的方式表达自然行为的机会。如果出于某些奇迹，天生行为能在没有组织技巧以及成人的帮助下继

的形式出现，取决于传统、习俗和社会模式。为什么不假定有杀婴的“本能”以及指导和教育的“本能”呢？或者遗弃女婴照顾男婴的“本能”？

不过，我们可以采取不那么虚构的形式进行推理，不诉诸这种或者那种形式的社会本能。植物的活动与无机物一样，都与自身生物构造有关。四足动物奔跑，蠕虫爬行，鱼儿游泳，鸟儿飞翔，它们天生如此，这是“动物的天性”。将奔跑、爬行、游泳和飞翔等本能插入构造和行为中对我们没有任何好处。让人类结合、聚集、相遇、联合的器官条件正是让其他动物成群结队聚在一起的那些条件。我们描述了在人类和其他动物中常见的结合和合并，但是未能触及人类联合的独特之处。这些结构性条件和行为或许是人类社会的必要条件，但是无生命物体中表现出的吸引和排斥也是一样。像动物学一样，物理和化学或许能指给我们一些条件，没有这些条件，人类就难以联合，但是它们不会向我们提供群体生活的充分条件以及采取的形式。

无论什么情况下，我们都应该从表现出的行为着手来考虑它们的结果，而不是从这些行为的假定原因着手。我们应

续，将无法带来什么改变，只不过是单纯的发声和愤怒。”——译者注

该采取聪明的手段，或把对结果的观察当作结果，也就是说，从行为一开始就与其联系起来。由于必须要采用这种方式，我们最好在知情的情况下进行，而不是采用欺骗读者，同时也欺骗自己的方式。因此，我们的出发点是人类行为会对其他人产生结果这一客观事实，某些结果已经被意识到，这种意识促使我们采取相应的手段控制行为，以确保某些结果的产生，并避免另一些。根据这些线索，我们意识到结果有两种，一种影响直接参与事务的人，另一种影响非直接参与的其他人。从这种区别中我们可以找到私人和公众区别的根源。当我们意识到非直接结果并采取行动规范它们之后，一些带有国家特征的事务就出现了。如果一项后果基本限于或据信限于直接参与的人，那么这种事务就是私人的。如果 A 和 B 共同进行对话，那么这种行为就是相互行为：两人都牵涉其中。因此其结果也会从一个人影响到另一个人。因此，这个人或另一个人或者两个人都能得到帮助或受到伤害。假设好处或伤害的范围不会超出 A 和 B，活动限于他们之间，那就是私人的。不过如果对话的结果延伸至直接相关的两个人之外，那这种行为就具有了公众性，不论对话是由国王和他的首相进行的，还是由喀提林和他的同谋进行的，还是由打算垄断市场的商人进行的。

因此，私下和公开之间的区别并不等同于个人和社会之间的区别，尽管我们认为后一个区别的含义是确定的。很多私人行为是社会性的，其结果有助于共同体的福利或影响共同体的地位和前途。从广义来讲，任何两人或多人之间刻意进行的相互行动都同样是社会性的。这是一种有关联的行为，其结果会影响更多关联。某人进行私人业务也可能服务于其他人，甚至服务于广泛共同体。从某种程度上来讲，这是对的。亚当·斯密主张，我们的早餐桌在农民、食品商和屠夫出于私人盈利的目的进行私人活动的共同作用下才会更加丰盛，比慈善或公共精神[1]基础上所提供的更加丰盛。共同体获得了艺术、科学发现的供给，因为私人从从事这些活动中找到了个人乐趣。私人慈善者采取了行动，以便有需要的人或共同体作为一个整体受益于捐赠的图书馆、医院和教育机构。简而言之，私人行为通过间接结果和直接意图也可能具有社会价值。

因此，某种行为的私人特性和它的非社会和反社会特性之间没有必然联系。另外，也不能认为公众对社会是有用的。政治组织共同体最常见的活动之一就是发动战争。即使最好战的军事家也很难断言所有的战争都是对社会有益的，也无法否

---

1 杜威所指的是亚当·斯密中《国富论》中的如下评论："我们的晚餐不是来自屠夫、酿酒师或面包师的善行，而是出于他们的自身利益。"——译者注

认某些战争给社会带来了太大的损害，如果没有发动它们会好得多。从任何值得赞赏的社会角度来看，对公众和社会不等同的讨论都不会单纯取决于战争情况。我认为，没有人会那么迷恋政治行为，以至于认为它永远不会短视、愚蠢及有害。甚至有人一直假设社会的损失是源于公众的代理人做了本应由人们通过个人能力做的事情。更多人断言，某些特殊的公众活动，不论是禁令、保护性关税或门罗主义的延伸意义，都是对社会有害的。事实上，所有严肃的政治争论都会涉及某种政治行为对社会有益还是有害的问题。

正如私下进行的行为无所谓反社会或非社会，以公众名义由公众代理人进行的行为也不一定对社会有价值。这个论点没有给我们提供太多线索，不过它至少警告我们不要把共同体及其利益等同于国家或政治组织共同体。这种区别可能让我们更加正面地看待已经提出的主张：也就是说，私人和公众之间的界限应该以行动结果的程度和范围为基础划分，这非常重要，无须人为干预，不论是抑制还是促进。我们区分私人和公共建筑、私立和公立学校、私人道路和公共高速公路、私人资产和公共财产、私人和公务人员，我们的论点是，通过这种区分，我们找到了国家性质和政府机关的关键。值得注意的是，从语源上来讲，“个人”是“官员”的反义词，个人指的是被剥夺了公职的人。公众是指所有因事务的非直接后果而受到影响的人，他们受影响的程度如此之深，以至于有必要系统地关注这些后果。官员是关注并关照被影响者利益的人。鉴于那些受到间接影响的人不是相关事务的直接参与者，因此需要指定专门的人代表他们，确保他们的利益得到保护。涉及政府机关行为的建筑物、资产、资金和其他物质资源是国家（res publica），即共同财富。由官员和物质机构组织起来照料人与人之间事务广泛持续间接影响的公众就是人民（populus）。

法律机构是为了保护个人和共同体成员财产，纠正他们受到的不公正待遇。众所周知，法律机构不是一直存在的。法律机构源自于自救权出现前的早期时期。如果一个人受到了伤害，他做什么报复行为完全取决于他自己。伤害他人或因所受到的伤害强行惩罚都是私人事务。那是直接相关人的事情，与其他任何人没有直接关系。不过受到伤害的一方可很轻易获得朋友和亲属的帮助，攻击者也是如此。因此，一场争吵的结果就不仅限于直接相关人了。长期不和随之发生，流血争吵可能会牵涉大批人，并持续好几代。人们意识到这种广泛持续的纷争对家族产生的危害，公众因此出现。这种事务不再仅限于直接相关各方。那些受到间接影响的公众采取措施保护自身利益，设立组织并采取其他和解措施限制问题的影响。

事实简单而又熟悉。但它似乎以萌芽形式反映了决定国家、机构和官员的特点。这个例子反映出，试图通过直接因果因素确定国家性质是错误的。关键点在于行为的持续广泛后果，与所有行为一样，这种行为还是要对每个个体进行最终分析。对有害后果的意识引发了共同利益，为了维护共同利益，需要采取某种手段和规定，同时需要选择某些特定的人担任保护人和解释人，如果必要的话，还要充当执行人。

如果上述解释方向正确的话，就解释了之前提到的政治行为事实与国家理论之间的差距。人类研究的领域是错误的。他们在机构领域、在行为的执行者上或在这些行为的意愿或目的方面探索国家性质的关键。他们试图从起源的角度解释国家。最终所有刻意选择都是由某个特定的人进行的；行为是由某人执行的，所有的安排和计划都是由具体的“某人”实施的。某甲和某乙会出现在每一件事务中。如果我们从某种自发行为发起人的角度看待的话，是无法发现公众的。某个叫约翰·史密斯的人和他的同伴决定是否要种植小麦，种多少；金钱投资到哪里，如何投资；建造什么公路，走哪条路；是否发动战争，如果发动的话，如何进行；通过什么法律，遵守哪个法律，不遵守哪个。真正与个人刻意行为相对应的不是公众，而是同样由个人进行的日常冲动型行为和其他未经考虑的行为。

个人或许会在群众中或政治集会中或合资企业或投票中失去个性。但这并不意味着某些神秘的集体力量在做决定，而是少数一些知道自己在做什么的人利用了群众的力量按照自己的方式管理群众，控制政治机器，管理企业商业事务。公众或国家进行社会安排时，例如通过法律、执行协议、授予特许权等，仍需通过具体的人执行。我们现在称这种人为官员，是公众和共同利益的代表。这种区别非常重要。但这并不是单独个人和集体非人格意志之间的区别，而是私下的个人与他们的官方或代表性角色之间的区别。这种显现出来的品质不是来源，而是权威，具有公认影响力的权威控制行为，从而产生或防止大范围持续的或好或坏结果。官员确实是公众代理人，不过这种代理人代替他人促成或消除与自身也息息相关的后果。

如果找错了地方，自然就无法找到我们想要寻找的。不过最糟糕的是，如果找错了地方，研究因果力量而不是结果，那么研究成果就会武断，没有办法进行核实，“解释”将是随意的。因此，就会出现多种理论相互冲突且缺乏共识的情况。有人可能会假定，国家理论一直存在争议本身就证明这个问题提错了。因为，正如我们之前所讨论的，政治行为的主要事实尽管非常复杂，但并不是隐藏的，尽管其表象会随着时间和空间的不同而存在很大差别。人类行为事实是可以被人类观测所获知的。关于国家存在大量相互矛盾的理论，这从理论本身的角度来看是令人困惑的，不过一旦我们发现这些理论尽管彼此差异很大，都是来源于一个错误，就可以理解了，这种错误就是把因果关系中介而不是结果看作问题的核心。

在这种态度和先决条件下，有些人有时会在探究性质的形而上学努力中找到因果关系中介，国家可解释为一种“要素”，可帮助人类最终实现完美社会。有些人受到其他先入之见或欲望的影响，会在上帝的意志中找到所需的创造者，上帝在腐败物质世界允许的范围内以堕落的人性为媒介重塑了神圣秩序和公正的形象。有些人在为了实现联合起来的个人的意愿时寻找创造者，并通过协议或彼此的忠诚誓言把国家变为现实。有些人通过体现在所有人身上、作为特定个人一般概念的自主超经验意志寻找它，这种意志通过其内在性质控制外部条件建立，从而让意志得以对外表现其自由。有些人在如下事实中找到了创造者：即思想和理性要么源于事实，要么本身就是事实，是感觉带来的错觉，或仅仅是与理性一元论相对的表现。多种观点都源自于一个共同的错误，彼此不分上下，教育、性格、阶级利益以及所处时代的主流环境等决定了采用哪种看法。理性只在为所采用的观点寻找合理性时才发挥作用，而不是用于分析人类行为的结果并借此设计政体的。人们常说，自然哲学只有在发生思想革命后才会稳步进步，这包括放弃寻找原因和力量，转而分析现状以及趋势。政治哲学在很大程度上还没有学到这种经验。

人们未能意识到以有区别且全面的方式看待人类行为（包括忽视和不作为）的结果，并形成对待这些结果的方法和手段。

这个问题并不仅限于创造相互冲突相互矛盾的国家理论。这种失败在某种程度上还阻碍了某些人意识到事实。我们声称所有刻意选择和计划最终都是独立个人的行为。这种看法导致了完全错误的结论。如果还从因果力量的角度思考的话，得出结论的事实就是国家和公众都是谎言，是满足权力和地位等私欲的面具。不仅仅国家，连社会本身都被贬低为不相关欲望和意愿的集合了。符合逻辑的后果是，国家要么被看作强权下诞生的绝对压迫，通过欺骗维持，要么被看作众多个人的力量合并为独立个人无法抵抗的巨大力量，个人力量集合只是不得已的手段，因为否则所有人就会陷入冲突之中，过着野蛮绝望的生活。因此，国家的形象要么是需要摧毁的怪兽，要么是需要热爱的庞然大物。简而言之，在认为国家与因果力量有关的主要谬误下，个人主义作为一种主义和哲学产生了。

尽管学说是错误的，但它是从事实出发的。需求、选择和目的存在于个人中，展现渴望、意图和决心的行为产自其中。但是只有思想上的懒惰才会让我们推断认为，既然思想和决定的形式是个人的，他们的内容和主旨也应该完全是个人的。即使“意识”是拥有个人主义传统的哲学和心理学认为应该完全私人的事物，它也依然是关于客体而非它自身的。从联系和结合的意义来说，协作是所有已知存在事物的“法则”。事件独立发生，但它们共同发挥作用。从没有什么是完全孤立发生作用的。所有事物的活动都是与其他事物的活动共同进行的。这种“共同”表现在所有个体的行为都受到与其他个体关系的影响。树木只能在森林中生长。很多植物的种子只有在其他存在的植物提供的条件下才能成功发芽生长。物种繁殖有赖于昆虫的受精活动。动物细胞的生命史有赖于其他细胞关联。电子、原子和分子体现了相互行为的无所不在。

联合即影响独立元素活动的相互联系的活动本身并没有什么神秘之处。探究个人是如何联合的没有意义。人类本来就是以联合的形式存在和行为的。如果这件事有什么神秘的话，那就是宇宙本身的神秘。如果不从宇宙之外研究的话，就无法解释这种神秘之处。如果通过外部来源才能解释的话，某些逻辑学家不用花多大力气思考就会跳出来指出，外界必须要和宇宙联系起来，才能解释宇宙。我们应该固守在开始的地方，即承认联系本身是已经获得认可的事实。

不过，关于人类联合还是存在一个简单易懂的问题：不是个人或单独的人是如何联系起来的，而是为什么他们联系的方式与其他事物的联系相比有那么多不同的特点，比如电子的集合、森林中树木的集合、昆虫群体、羊群以及星群。当我们考虑这种不同时，即刻会注意到一种事实，即相互行为的后果在受到观察时立刻就具有了新的价值。因为意识到相互关联行为的后果让人们思考关联本身，让其成为关注和感兴趣的对象。

每一种行为只有基于联系才能为人们所知。进行思考、渴望和规划的依然是个人，但是他们考虑的是自己的行为对他人的影响以及他人对自己的影响。

每个人刚出生时都是婴儿。他是不成熟的、无助的，对他人的行为有依赖性。这种依赖性很强的生命生存了下来，这就证明其他人在某种程度上照顾了他们。成熟且更有能力的人意识到他们的行为对年轻人是有影响的。他们不仅与婴儿联合行动，而且这种行动联合是特殊的，显示出他们行为的后果对年轻人的生存和成长是有好处的。

年轻人持续的生理存活只是这种联合后果的其中一个好处。成年人也同样关注采取行动让未成年人思考、感受、渴求以及习惯性地以某种方式表现自己。人们努力奋斗的后果绝不是让年轻人自己学习如何站在联合行为及其后果的立场判断、计划或选择。实际上，最常见的情况是，这种好处常常以努力让年轻人以成年人的方式思考及规划的形式出现。这个事例本身足以显示，尽管个人进行各自独特的思考、渴望和决定，但他们的思考与渴求，他们信念和意图的内容都是由合作所提供的主旨。因此，人类不仅事实上是联合的，而且他在形成思想、感情和主动行为时都是社会动物。他所信奉、希冀以及针对的，都是联合和交流的成果。联合会给个人的渴求和行为带来影响，唯一会给这种影响带来模糊感和神秘性的是发现所谓有特殊独创性的且由社会造成的因果力量的努力，不论它是由意愿决定的个人本能或内在的普世的实际原因，或内在的形而上的社会要素和性质。这些事情无法解释，因为它们比它们用于解释的事实更加神秘。星群中的行星如果能意识到各自行为与其他行星的联系并能用这种知识指导各自行为的话，就能形成共同体了。[1]

我们已经脱离了从更广阔的社会角度看待国家的范畴。不过，这种离题让我们得以从社会生活的其他形式区分国家。以前有一个传统，即把国家和组织完善的社会看作同一种事物。国家被称作社会机构完备及兼收并蓄的体现。社会任何一项安排产生的价值都被搜集起来，声称是国家的产物。与这种做法对立的是哲学上的非政府主义，即把各种形式人类组织所做的恶集合起来，一致归因于国家，并称国家的消亡会带来由革命性博爱组织形成的太平盛世。对某些人来说，国家是神，对另一些人来说，它是魔鬼，这再次证明他们讨论的出发点是有缺陷的。一种理论和另一种理论一样随意。

不过，肯定更有一种标准能把有组织的公众和其他模式的共同体生活区分开来。举例来说，友谊是非政治性的联系

1 杜威对“自我”作为社会产品最详细的论述可见《人性和行为》，不过他在其他一些书中也提到了这个主题。——译者注

模式。它们是交流的产物，特点是亲密微妙的感觉。它们有助于体验某些最珍贵的价值。一种预想的理论只有在最紧急的状态下才会把国家与作为任何社团中主要纽带的友谊和感情混淆，或者坚持认为前者依赖后者才得以存在。人们结成群组的原因还包括科学探索、宗教崇拜、艺术创作和享受、体育、提供或接受指导、工业和商业事业。在每种情况下，从“天然”也就是说生物学条件下以及本地接触中成长出的联合或相互关联行为都会带来独特的结果，也就是与孤立行为带来的结果大不相同。

当人类从智力和感情上意识到这些结果时，就生成了共同利益，相互关联行为的性质就改变了。每种联合的形式都有其自身的独特质量和价值，没有人按照自身理解把它们彼此混淆。公众之所以成为国家的特征来自于一个事实，即所有联合行为模式都对非直接参与其中的人产生广泛而持续的影响。这些结果通过思想和感情被意识到后，这种认知又作用于它们产生的条件。需要对结果进行关注。监督和管理无法由初级群体自己执行。因为公众之所以得以存在的要素是在于它不仅限于直接参与制造它的人。因此，要想处理它们，需要组建特殊的机构和措施，否则现有的某些机构就必须承担新的职能。因此公众组织或国家最明显的外部特征就是官员的存在。政府不等同于国家，因为国家还包括公众以及拥有特殊职责和权力的统治者。公众由代表其利益的官员组织并受其组织。

因此，国家代表重要且与众不同并受到限制的社会利益。从这个角度来看，有组织的公众一旦组成，它们比其他利益组织更胜一筹的言论也就没什么特别之处了，它们大多数情况下对友谊以及科学、艺术和宗教的完全漠不关心以及无动于衷也就没什么特别之处了。如果友谊的后果威胁到了公众，就会被看作阴谋，通常情况下，这不是国家的事务或关注对象。人们相互合作是为了更有利地完成一项工作，或为了相互防御。如果这种行为超过某种界限，使其他未参与其中的人发现他们的安全或繁荣受到威胁，国家的齿轮立刻会出现问题。因此，有时候国家并非吸收性、包容性的，在某些情况下，它是最懒惰空洞的社会安排。尽管如此，要想从这些事例得出结论，认为国家基本上没有存在意义的话，这种看法立刻会受到事实的挑战，事实是，当家族、教会、工会、商业企业或教育机构行使职责，打算影响外部大批人群时，受到影响的人会形成公众，并通过恰当机构代表自己，组织起来进行监督和管理。

有时有些人代表政治组织提出主张，这是很荒谬的，我无法理解，就像我无法理解有人呼吁关注苏格拉底、佛祖、耶稣、亚里士多德、孔子、荷马、维吉尔、但丁、圣托马斯、莎士比亚、哥白尼、伽利略、牛顿、波义耳、洛克、卢梭等无数人对共同体生活的影响，并扪心自问我们是否把这些人看作国家官员一样。任何扩大国家范围从而得出这种结论的方法只不过让国家一词成为代表所有社团的总称。一旦我们那样松散地对待这个词，就需要分辨国家一词的政治和法律意义。另一方面，如果某人受到诱惑无视或者漠视国家，就会想到伯里克利、亚历山大、朱利叶斯、奥古斯都·恺撒、伊丽莎白、克伦威尔、黎塞留、拿破仑、俾斯麦和几百个类似人物。人们隐隐约约觉得他们也有个人生活，但是与他们代表国家的所作所为相比，那是多么微不足道啊！

这种国家概念并不意味着相信任何特定政治行为、方法或体系的正当性或合理性。对结果的观察受制于错误和错误看法的影响，正如观念受制于自然物体的影响一样。判断要做什么及如何做就像制定其他计划一样不可靠。错误会不停堆积，并通过法律及政府的所作所为进一步强化，比它们最初打算控制的后果更具有危害性。所有的政治历史都显示，权力和影响力一旦获得官方地位，就会利用统治为自身攫取利益。统治权的分配取决于出身或某人所具备的获得职务的才能，与其所代表职能的绩效没有什么关联。不过，通过统治者和政府机构促使公众组织形成的需求依然存在，且从某种程度上来说已化身为政治事实本身。从政治历史记录来看，这种进步是大量混淆及阻挠它的不相关事务中的灵光闪现。随后进行的重组可形成更加易于实现其职能的机构。进步并非持续稳步出现的。退步与进步一样，都是周期性出现的。举例来说，工业和科技发明提供了改变联合行为模式的手段，并大大改变了其自身间接后果的数量、特性和影响范围。

这些改变都是对政治模式的外在改变，政治模式一旦形成，就会维持其自身势头。新形成的公众依然很不成熟，缺乏组织性，因为它无法使用继承而来的政治机构。后者如果完备且呈制度化，就会阻挠新公众的筹备形成。它们阻挠新国家形式的发展，如果社会生活流动性较强，对固有政治和法律模式的依赖较少的话，新国家形式就会成长得更快。公众要想形成，需要打破现有的政治形式，这是非常难的，因为这些形式本身是机构改变的常规手段。产生政治形式的公众已经消失了，但是权力和占有欲依然留在已经消亡的公众任命的官员及创立的机构手中。这就是为什么国家形式的改变常常通过革命来实现。迄今为止，创建足够灵活敏感的政治和法律机器远远超出人类智慧的范围。新建公众的需要受到现有国家模型的阻挠，在这种新纪元中，对国家的蔑视和忽视日益增加。普遍的冷漠、忽视和鄙视等作为直接行动的捷径找到了自己的表达方式。直接行动由许多不把“直接行动”作为口号的其他利益群体实施，通常最积极的是那些宣称对现有国家既定“法律和秩序”最尊重的固有利益阶层。正是通过这种本质，国家可以被仔细地考量、研究和重构了。差不多国家形式一旦稳固下来，就需要重构了。

因此，了解国家的问题并不在于理论家单纯研究现有的机构的问题。它是实际问题，是人类普遍性问题，是人类在生存过程中彼此相互关系的问题。它是一个复杂的问题。它需要理解能力，去认识群体中个体行为之间的结果，并追踪其起源和根源。它涉及选择人员来代表预期结果所产生的利益，并界定他们应该具有并行使的职能。还需要建立政府机构，以便随着这些职能的出现而拥有了声望和权力的人能为公众行使权力，而不是将权力用作自身的私人利益。毫无疑问，国家有很多，不仅在数量上，也在种类上。因为联合活动的形式有无数种，相应的结果也有无数种。鉴于可使用的知识媒介不同，发现后果的能力也多种多样。选择统治者的依据各种各样，他们的职责不同，代表大众利益的意愿和热情也不同。只有僵化的哲学才会让我们认为国家只有一种模式或概念，历史上千变万化的国家达到了不同程度的完善。唯一可以做出的声明完全是形式化的：国家是公众组织，通过官员实施，目的是保护其成员的共同利益。但是公众是什么样的，官员是什么样的，他们行使职能有多充分，都需要我们从历史中寻找答案。

不过，我们的概念为判断某个特定国家到底有多好提供了标准：也就是说，公众组织的实现程度，官员构成并行使照顾公众利益的职能的程度。不过并不存在先验的规定，只要遵守这些规定就能建立好的国家。没有任何两个时代或地方的公众是一模一样的。不同条件导致相关行为的后果以及对后果的看法不同。另外，公众决定政府服务于其利益的方法也是不同的。我们只能从形式上说最好的国家是什么样的。在具体事实中，在实际的具体组织和机构中，没有哪种形式的国家称得上是最好的：至少在历史结束前不可能，到那时，人们才能调查它的所有不同形式。国家的形成应该是实验性的过程。这一实验进程伴随着多种不同程度的盲目和意外，以无监管的伤害和尝试为代价，不断探索、摸索，人们不知道在追寻什么，即使实现了好的国家，也不能清楚意识到。它也可能进行得更加明智，因为获得了指导，知道有哪些条件是必须满足的。但它依然是实验性的。由于行动和调查的条件以及知识是不断变化的，实验总要不断重试，国家总要重新发现。另外，在正式声明条件已获得满足之后，我们依然不知道历史将会带来什么。不应该由政治哲学或政治学来判断一般而言的国家“实然”或“应然”问题。它们应该做的是协助创造方法，以便实验进行得不那么盲目，不那么受到意外支配，而变得更加明智，这样人们才能从失败中吸取教训，从成功中获得经验。若相信政治不变性，相信某种国家形式因先辈的努力和传统的力量而变得神圣不可侵犯，就会成为直接有序改变之路上的绊脚石，从而引发反抗和革命。

随着不断辩论，真理越辩越明，该采取什么步骤就总结清楚了。事物行为的普遍特征是共同的、联合的、协作的行为。这种行为会产生结果。某些人类共同行为的结果能被感知到，也就是说，它们以某种方式被意识到了，并获得了考虑。因此从中产生了目的、计划、措施和手段，确保受到喜爱的后果产生，消除那些为人所讨厌的后果。这种意识产生了共同利益；也就是说，那些受到结果影响的人必然关注与同一阵线的人进行合作，从而带来希望的后果。有时候，后果的影响仅限于直接参与了造成此后果的事件的人身上。在其他一些情况下，它们的影响范围远远超过直接参与产生了后果的人。因此，就产生了两种利益以及根据后果评判行为的标准。在第一种情况下，利益和控制仅限于直接参与的人；在第二种情况下，拓展至没有直接参与行动的人。如果受相关行动影响的利益想要产生任何实际影响的话，需要通过非直接手段控制产生它们的行动。

目前为止我们进行的叙述给出的都是实际可靠的事实。现在让我们进入假设。那些非直接受到好的和坏的影响的人构成了一个非常独特的群体，足以获得承认和一个名称。人们选定的名称是“公众”。公众通过代表进行组织并发挥作用，这些代表是习俗的维护者，是议员，是行政官员，是法官等，他们为了维护公众的特殊利益，采取某些手段管理个体和群体的共同行为。随后，联合之上添加了政治组织，一些具有政府形态的事物出现了：公众成为政治国家。

对这种假设的直接证明可以在一系列可观察可证实的真实事件陈述中找到。其中包括足以解释政治生活或国家活动的特有的现象。如果有它们，就没有必要寻找其他解释了。总之，应该增加两个条件。上述解释是一般性的，因此是简要的，省略了很多差别性条件，其中一些条件将在后续的章节里进行探讨。另一点在于论证的消极方面，论证对各种试图以因果力量和机构方式解释国家的理论进行了抨击，但论证本身并没有否认现象之间的因果关系或联系。我们显然在每一个方面都是如此认为的。如果没有因果联系，就不会有结果和措施来管理事物的模式和性质。我们否认的，是诉诸一系列可观察的相关现象之外的力量。这种因果力量无异于自然科学需要从中解放自身的超自然力量。它们至多是相关现象的一部分，这种现象才是用于解释事实的。我们需要一种方法，在可观察的行为及其结果的基础上进行直接社会调查，并产生成果。这就是我们要遵循的方法的依据。

发现国家

如果我们在错误的地方探索公众的话，就永远无法找到国家的正确解释。如果我们不搞清楚哪些条件促进或阻挠公众组成拥有明确职能的社会组织，我们永远不会知道国家发展和转变的相关问题。如果我们意识不到这个组织就相当于公众组织，拥有官员做代表、关注公众利益，我们就会错过指向政府特性的线索。这些是在讨论的最后一刻达成或提出的结论。我们可以看到，错误的探索领域是所谓的相关机构以及被认为可缔造国家本质的力量。国家并不是就像子宫孕育后代那样有机接触的直接后果，也不是发明机器那样直接的有意识意图，它也不是由内在思想的沉思创造的，不论这种思想是有内在神性的还是形而上学的绝对意志。如果我们从这些来源探索国家的起源，对事实的现实考虑将使我们最终除了你、我、他这种人类个体之外一无所获。之后，除非求助于神秘主义，我们将不得不被迫认定公众的产生是一个神话，是借由迷信得以存在的。

什么是公众？这个问题，有很多种答案。遗憾的是，很多只是对问题的重述。因此，我们被告知公众是作为整体存在的共同体，而“作为整体存在的共同体”本身就应该是不证自明、自我解释的现象。“作为整体存在的共同体”不仅仅是用多种方式将人们聚集在一起的各种相互关联关系，而是通过整体原则将所有元素结合在一起的组织。这正是我们所寻找的。为什么应该有具有全面包容性及可调控性的整体？如果我们假设存在那种事物，那么机构自身当然就能向其人民负责，而无须通过历史证明已然出现的国家。认为相关力量具有固有普遍性的看法与显而易见的事实不符，即存在多元化的国家，每一个都是局部性的，有边界，有局限性，对其他国家淡漠甚至敌视。形而上学的一元论哲学家顶多只能无视这一事实。或者就像黑格尔及其信徒所做的，建构历史神秘哲学是为了弥补国家神秘学说的不足。普世观念利用一个又一个暂时的当地政府，来寻求理性和意志的客体。

这种思考巩固了我们的主张，即意识到直接相关的人和团体之外以重要方式产生的后果是公众产生的来源，通过建立特殊机构关注并管理这些结果，导致了国家的组成。不过他们还提出真正的国家展现出一些特征，即行使规定职能，并展现作为国家的一切标志。讨论这些特征将确定公众的性质及其政治组织的问题，也会被用于检验我们的理论。

我们几乎找不到更好的特征作为国家性质的标志和符号了，除了刚刚提到的世俗的地理位置。有些团体的规模太狭小太有限了，不足以产生公众，另外有些团体彼此之间太孤立了，无法属于同一个公众。要想发现足以形成国家的公众，关键问题在于，要在过分亲近亲密以及过分遥远分离之间划定界限。直接接触、面对面关系能产生利益群体和共同的价值观，它们太直接太重要了，无法引发政治组织的需求。家庭联系很常见，涉及面对面接触和共同关心的事物。所谓的血缘关系在区分社会单位方面起到了非常重要的作用，主要作为分享共同行为直接结果的基础。家庭中一个人的所作所为会对其他家庭成员产生直接影响，其结果能以亲密的方式直接感受到。就像我们说他们“回家了”那样。用特殊组织管理他们是多余的。只有当这种关系延伸至宗族中多个家庭的联合以及部落中多个宗族的联合时，才会产生相当间接的影响，才需要特殊措施进行管理。邻里关系也基本是以家庭所展示的那种相同的模式联合的。在出现特殊紧急情况时，会临时想出一些习俗和措施满足管理需要。

想想赫德逊（Hudson）完美描述的威尔特郡那个小村庄：“每一座房屋的生活都以禽类和家畜为中心，一个房屋的中心与另一个房屋的有关联，它们互相联系起来，就像一排手拉手的儿童；它们共同形成了一个组织，有同一种生活，被同一种思想感动，就像一条休息的五彩斑斓的蟒蛇，在地面上全面伸展身体。我想象住在村庄一头的一位村民忙于劈开一块坚硬的木头或树桩，突然他手中沉重锋利的斧头掉在了脚上，造成了严重的伤口。这件事的消息将通过口口相传传到一英里外的村子另一头；每个村民不仅会迅速知道这件事，同时还会在脑中生动地想象出这位同乡发生意外时的画面，闪着亮光的锋利斧头掉在他的脚上，鲜血从伤口中涌出；他会同时感受到自己脚上似乎也有了伤口，并感到震惊。所有的想法和感受将以类似方式自由地从一个人传到另一个人，不过他们并不必进行语言交流，所有人都是这个通过同理心和团结联合起来的孤立小共同体的参与者，所有人的想法或感情对其他人来说都不陌生。情绪、心情、对个人以及村庄的看法都是一样的。”[1]在这种亲密的条件下，国家不适宜存在。

在人类历史的漫长时期，特别是在东方，国家只不过是遥远的人物施加在家庭和邻里之间的一个影子，它通过宗教信仰膨胀至巨大形态。它统治，但并不管理；因为它的统治仅限于接受朝贡以及礼仪性顺从。责任存在于家庭中，财产也由家庭

---

1 威廉·亨利·赫德逊：《小事物的旅者》（*A Traveller in Little Things*）。——译者注

拥有。对长者的个人忠诚取代了政治顺从。权威推行的纽带是丈夫和妻子、父母和子女、老年人和年轻人、朋友和朋友之间的关系。政治不是道德的一个分支，而是从头到脚浸润在道德中。所有的美德都可以归结为孝道。不法行为是有罪的，因为能反映在一个人的血统和家族上。人们对官员避之唯恐不及，将纠纷提交给他们是丢脸的。衡量遥远神权国家价值的标准是它所没有做的事情。它的完善与自然进程有关，凭借着四季不断轮回，土地在阳光和雨水的慷慨赠予之下收成，居民们繁荣和睦生活。亲密熟悉的近亲群体不是包容一切的整体中的一个社会性联合。从几乎所有方面来看，它本身就是一个社会。

另一种局限是，有些社会性群体被河流、海洋、山川、陌生的语言和神灵远远分开，以至于其中一个群体做什么——除了战争之外——对另一个没有明显影响。因此没有共同利益，没有公众，没有出现范围广泛国家的需要和可能性。数量繁多的国家是如此普遍且臭名昭著的存在，以至于被人们认为是理所当然的了，似乎并不需要解释。不过正如我们之前指出的，它设立了某些理论很难企及的检验标准。除了在据称是国家基础的共同意志以及理性的基础方面有奇怪的限制以外，它几乎是不可逾越的。这样说有点奇怪：普遍理性无法跨越山川的范围，目标会受到河流的阻碍。其他很多理论并没有遇到这么困难。不过只有承认关键因素后果的理论才能在众多国家中找到经过印证的特征。如果出现了阻止相关行为后果传播的障碍，那么这种障碍本身就会成为政治屏障。解释就像需要被解释的事物一样常见。

在狭隘、密切和亲密的组织以及相隔遥远只有偶然零星接触的组织之间是国家存在的领域。我们找不到也不应该期望会找到清晰可靠的界限。村庄和邻里潜移默化地转变为政治公众。不同国家可通过联邦和联盟形成拥有国家特征的更大整体。我们通过理论可以推断出这种情况，历史事实也证明了它。国家和其他形式的社会联盟之间区分的界限一直摇摆变化，这再次成为障碍，阻碍了国家理论像其他具体理论一样成为界限分明的概念。在以经验主义获得结果的基础上，就是会发生这种情况。在帝国政府的地方，政治统治是靠强制征税和军人才得以存续的，在这种帝国里，尽管可能也使用国家一词，但公众的典型标志就是其缺失。还有一些像古希腊城邦这样的政治共同体，虚构的共同血统是其存在的关键因素，家庭神明和崇拜被群体神威、神殿和膜拜所取代。在这种国家里，家庭间生动的即时亲密个人接触依然存在，同时还增加了多样化、自由且丰富的变化，与狭隘的邻里生活和无趣的家庭生活相比，这些问题非常重要。

国家形式多样化且持续变化，这种假说是可以理解的，正如不同国家的多样性一样。随着“物质文化”的改变，共同行为的种类和范围会发生改变，特别是当“物质文化”变化涉及原材料交换、成品以及科技、工具、武器和用具时。这些方面又立即会受到运输、交通及通信手段等发明的影响。以牧羊牧牛为生的人与骑在马背上自由放牧的人生活习俗大不相同。一种游牧生活通常是和平的，而另一种则是好战的。粗略地说，工具决定生计，生计决定相关活动的结果。在决定结果时就形成了有不同利益的公众，从而产生了不同形式的政治行为保护他们。

尽管政治形式多样化而非同一性已成规则，在政治哲学和政治学界依然存在认为国家有原型模式的看法。大部分辩证智慧都用于构建本质或固有性质上面了，希望任何特定组织都可以将国家理念运用其上。同样的智慧也被用于解释所有不符合这种形态学模型的案例，并（用各自喜欢的策略）在接近决定性本质时用价值分级顺序来为国家排等级。这种认为好国家或真正国家存在模板的理念不仅影响了实践，也影响了理论。与其他事物相比，这种理念在很大程度上导致人们随意制定宪法，并把它们强加给人民。遗憾的是，人们认识到这种看法的错误之后，又代之以另一种错误看法，即国家不是创造的，而是可以“成长”和发展的。这种“成长”并非单纯指国家能改变。成长意味着通过内在努力或原则按照有规律的阶段进化至某种预定的结果。这种理论不鼓励求助于能指导政治模式改变的唯一方法：即用智慧判断结果。与它所取代的理论一样，它也认为存在单一标准模式，把国家界定为实体的真实的物体。经历过与自然科学的错误类比之后，有人声称可能只有这种统一的进程才是“科学”看待了社会。顺便说一句，这种理论大大满足了那些国家的虚荣心，使它们认为，作为政治上“先进”的国家，它们非常接近进化的顶端，即将戴上国家地位的桂冠。

通过这种假说，人们得以经常用经验主义或历史看法看待政治模式和安排，完全不受其他任何压倒性的概念影响，而那正是提出“真正”国家假说所不可避免的，不论国家是刻意塑造的，还是根据内在规则进化而来的。已经存在的组织的结果受到工业和科技等非政治性内部事务的干扰，也受到信贷、旅行、移民、探险及战争等外部事物的干扰，从而大大改变，以至于需要出现新的机构和职能。政治模式还受到间接的改变。思维方式的进步使人们观察到了一些结果，而这些结果在较低劣的思维手段下是被掩盖的。活跃的思维洞察力促使新政治手段出现。实际上，科学在其中发挥的作用并不太大。不过政治家和政治理论家的直觉不时会渗透进社会力量，导致立法和行政部门出现新的转变。政治体像生物学上的人体一样存在忍耐极限。绝非不得不采用的手段一旦采用过一次之后，就会常常获得采用，政治行为从而进一步多样化。

简而言之，这种假说认为公众是通过承认行为非直接后果的广泛持续影响而构成的，这解释了国家的相对性，而通过特定因果来源定义自己的那些理论则意味着与事实抵触的绝对性。试图通过“比较方法”体系从古老和现代、西方和东方国家中寻找共同点完全是浪费精力。唯一的常量是关心及管理利益的职能，这是相互行为复杂非直接拓展及辐射带来的结果。

我们总结认为，临时性和本地多样化是政治组织的主要标志，如果对其进行分析，它确定地检验我们的理论。第二个标志和证据出现在一个很难解释的事实中，即相互行为结果的定量范围产生了需要组织的公众。正如我们之前指出的，在现代社会需要公开审讯的罪行过去不过是个人情感的发泄，相当于现在一个人向另一个人进行的欺辱。从英国中世纪国王赐予的保护一事中，可体现从相对私人到公开，至少是从有限公开到更大范围公开转变的有趣阶段。一直到 12 世纪，司法基本是由领地和各郡法庭维持的，法庭数量成百上千。任何有足够数量管理对象或佃户的领主都可裁决争端并施加惩罚。国王的法庭和司法只是众多法庭和司法中的一个，主要服务于皇室佃户、仆人、财产和高官。不过，君主希望增加收入，扩大权力和威望。因此，多种工具被发明出来，故事也被编造出来，国王法庭的司法权从而增加了。君主的方法是声称之前由地方法庭审判的多种罪行是违反了国王赐予的保护。集中化运动持续进行，直到国王拥有了垄断性司法权。这一事例意义重大。出于增加王朝权力和利益的企图而出现的措施仅仅通过扩大化就成为客观公共职能。当个人特权进入正常政治进程中时，常常会发生这种事情。同样的事情也出现在当代生活中，私营企业由于数量扩张而“受到公共利益的影响”。

相反的例子是宗教礼仪和信仰从公共领域转向私人领域。只要主流思想认为虔诚和反宗教的结果会影响整个共同体，宗教就是公共事务中的必需品。小心谨慎地遵守习惯性崇拜拥有至高无上的政治重要性。神明是部落祖先或共同体的创立者。他们在获得充分认可的情况下会确保共同繁荣，如果他们的利益没有受到热心对待，就会带来饥荒、瘟疫以及战争中的失败。自然，在宗教行为能产生如此广泛结果的情况下，庙宇像市场和法庭一样是公共建筑，参加宗教仪式是公民职责，充当神职人员的是国家公职人员。神权政治消亡很久之后，宗教仪式依然是政治常规习俗。即使怀疑盛行时，也没有多少人敢于冒着风险忽视仪式。

把虔诚和崇拜归入个人领域的革命常常是因为个人意识的崛起以及对个人权利的主张。不过这种崛起只是其中的一个原因。如果假设它一直以隐蔽的形式存在终于敢于展现自身的话，就是逆转了事情的顺序。社会发生了变化，包括智力、内在构成以及人与人之间外部关系方面，从而导致人们不再把对神的尊崇或不敬态度与共同体的祸福联系在一起。信仰和不信仰依然会有严重后果，不过人们现在认为这些后果仅限于直接相关者暂时的或永恒的喜乐。其他信念认为迫害和不容异见像对任何罪行的有组织敌视一样合理，不虔诚是对公共和平及幸福最危险的一种威胁，但是社会改变逐步出现了，共同体生活也出现了一种新的职能：个人道德和信仰权。

总之，思想方面的行为从公共领域转移到了私人领域。这种彻底改变的推动力和理由当然是固有的神圣个人权利。不过，在宗教信仰的这个特定例子上，接受这个理由很奇怪，因为人类生存了那么久都完全没有意识到这种权利的存在。实际上，无论如何都对外界没有影响的完全私人意识领域，理念最初是机构改革的产物，具有政治性及宗教性，不过它像其他信仰一样，一旦确立，就会产生政治结果。人们观察认为，在形成思想结论时，如果能允许大量个人判断和选择存在，那么共同体利益就会得到更好的关照，除非社会流动性和多样性带来了技术和工业萌生及发明，世俗追求成为教堂和国家的可怕对手，否则是不容易得出这种观察结果的。不过即便如此，对判断和信仰的容忍基本上也是以负面为主。我们同意（在有限的条件下）不干涉别人，更多是因为意识到不这样做可能带来的有害结果，而不是出于深刻认同其积极社会益处。只要后者的结果没有获得广泛认同，所谓的天生个人判断权就依然是为适度容忍披上了合理化外衣，这是相当危险的。三 K 党等现象以及立法管理科学活动显示出人们对思想自由的信念依然流于表面。

如果我预约了牙医或医生，这基本是我们之间的事。受影响的是我的健康，他的收入、技术和声誉。不过这个职业的从业影响太广泛了，以至于对从业者进行审查以及发放许可成为公共事务。约翰·史密斯买卖房屋，交易在他和某个他人之间进行，不过土地对社会非常重要，这种个人交易受到法律规定的限制：公共官员需要用公开规定的表格记录交易证据和所有权。选择伴侣和性结合是相当私人的事务，但这种行为是生育后代的条件，后代是共同体存续的手段。公共利益体现在让结合合法以及结合中止合法的必要手续上。简而言之，这些行为的结果影响着直接相关人士之外的大批人群。人们常常认为，在社会主义国家，婚姻的形成和解体不再具有公共影响，这种情况有可能存在。不过也有可能那样的社会对男女结合结果的感受比目前的共同体更活跃，不仅仅因为孩子，也因为社会自身的福祉和稳定。在那种情况下，某些规定会放松，但可能会将健康、经济能力和心理匹配度作为婚姻的先决条件制定严格规定。

没有人能考虑到自身行为的所有结果。按照规则，他必须把精力和远见局限于完全私人化的事情上。那些看得太远，关心即将做的事情的后果的人，如果没有普遍准则的帮助，很快会陷入令人绝望的复杂思考的泥潭。即便最有远见的人也需要在某处为自己规定好界线，他被迫划定在跟他关系最密切的事物那里。如果缺乏某些客观规定的话，在合理程度下，他能确定的只有对它们产生的效果。所谓的自私大多是因为观察力和想象力有限。因此，如果事务结果影响的人数很大，这些人间接相关，且他们难以轻松预见事情对自身影响的话，这些人就构成了参与此事的公众。公众形成并不仅仅因为多人共同观察回避一个人的观察覆盖面更大，而是因为公众因自身无法预见及预估所有结果，从而建立了某种屏障和渠道，把行为局限在规定范围内，从而能够适度预估行为后果。

因此，把国家的法律法规看成命令是对它们的误解。习惯法和法规的“命令”理论实际上是我们之前所批评的那些理论的辩证后果，那些理论用预先的因果关系定义国家，特别是那种认为“意志”是产生国家的因果力量的理论。[1] 如果意志

1 法律命令理论认为法律是武力支持下君主的命令或指令。这种法律获得授权是由于君主的意志。这一看法通常来自法律哲学家约翰·奥斯丁，在杜威的时代也是这样认为的，不过我们在政治哲学家托马斯·霍布斯的著作中看到了早期版本。在1894年的早期文章“奥斯丁的主权理论”中，杜威讨论了奥斯丁1832年的“法学讲座”。

值得注意的是，在1894年的文章和《公众及其问题》中的这部分里，杜威思考法律命令理论后，都会讨论政治哲学家让-雅克·卢梭及其普遍意志理论。杜威认为，在他之前的卢梭和霍布斯都非常关注在意

是国家的来源，那么国家行为体现在根据其意志施加在其他对象意志上的命令和禁令上。不过，这迟早会引发质疑，质疑发布命令的意志是否具有合法性。为什么统治者的意志就比其他人的更权威？为什么其他人要服从？逻辑结论是服从的基础最终存在于上级力量。[1]不过这个结论明显是在鼓励人们测试权力，看看哪个才是上级权力。实际上，权威的理念被舍弃了，代之以权力的理念。另一个辩证结论是，相关意志是超越了任何个人意志或个人意志集合的：是某种支配性的"共同意志"。这个结论是卢梭得出的，在德国形而上学的影响下，被确立为神秘的支配性绝对意志教条，它没有成为权力的另一个说法只

志理念中定义主权，也就是让国家的身份作为决定性因素。——译者注

1 杜威并不认为，至少在1894年并不认为奥斯丁是刻意得出这一结论的——即使用武力确保服从。这是因为他认为奥斯丁的立场与政治哲学家杰里米·边沁一样，认为道德约束有助于促进人类幸福。带着这种道德目的，杜威认为奥斯丁试图避免国家过于依赖武力或威胁使用武力来管理政治社会。杜威将这种更加专制的结论归因于霍布斯，不过他似乎在1918年的"霍布斯的政治哲学动机"中调整了对霍布斯的看法。在后一篇文章中，杜威认为霍布斯对国家的理解与他所认为的边沁和奥斯丁的看法类似，都包含更多对社会的广泛道德约束而非追逐君主的权力。读者可能需要把这些论点与他在此处谈论的将"意愿"置于合法国家中的立场进行对比。——译者注

是因为两者是完全一个意思。[1]改变这些理论中的这个或那个观点就等于放弃了因果来源理论而接受了广泛传播的结果，如果意识到了这些结果，就会产生共同利益，并需要特定机构关照共同利益。

法治实际上是条件，根据这些条件，人们彼此之间做出安排。它们是引导行为的结构；只有在堤岸约束水流的情况下，它们才是主动力，只有在堤岸能够控制水流时，它们才有控制权。如果个人无法在既定条件的规定下彼此达成协议，那么所有协议要么在模糊地带终结，要么需要涵盖大量细节，从而变得不实用，无法操作。另外，每一个协议都与其他的不一样，从一种情况无法推断出任何可能结果。法律规定列出了特定条件，如果满足这些条件的话，协议就成为合同。因此协议条款

---

1 杜威所指的是卢梭在《社会契约论》中提到的普遍意志。卢梭写道：所有人的意志和普遍意志之间存在显著区别：后者只关注共同利益，而前者关注个人利益，不过是一些特殊意志的总和；不过，如果从这些意志去掉可以抵消的意志，剩下的不同之处的总和就是共同意志。如果获得充分告知的人民进行审议，而公民之间没有沟通，共同意志总是会来自于大量细微的不同，审议总归是好事。

在卢梭的观点里，我们不再受制于个人欲望，从而使社会分裂，使我们不自由。杜威认为，这种描述随后被德国主要是黑格尔传统所采用，他们认为共同意志不仅指导了国家的产生（国家如何形成），还决定了国家的内容（即它追求的目的）。决定国家产生及其内容时，国家理论的目的变得自由了，杜威在此处认为是武力。——译者注

在可控范围内引导，有可能从一个推广至另一个并进行预测。只有极端理论才让人们相信存在一个指挥，命令协议制定成某种形式。实际情况是，如果某人遵守设定的条件，他就能预见某些结果的出现，如果不遵守的话，就无法预见结果。他需要冒险，冒着整个交易无效、自己承担全部损失的风险。完全没有理由用其他方式解释刑法“禁令”。违反法律的结果在条款中都明确列出了。同样的，我们也可以指出河流决堤后会发生的后果；如果河流能预见到这些后果，并通过远见指导自身行为，我们就可以比喻地解释为河堤发出了禁令。

这种说法解释了法律的武断和随机因素以及它们与理性的合理关系是两种不同的看法。在很多事情中，最重要的是以某种方式决定结果，而不是由某些内在原则如此这般地决定结果。换句话说，在一定范围内，某种固有条件下产生什么结果并不重要，重要的是这种结果是否足够确定到可以被预测。交通规则的典型性在于大量规则的结合。同样的，在日落后或某个固定时刻后进入他人住所的罪行更加严重。另一方面，法治是合理的，这样某些人就能像休谟指出的那样，把“合理性”奉为他们的源泉。[1] 人类当然是目光短浅的，这种目光短浅在欲望和激情的影响下进一步加剧恶化。“法律”规划遥远的长

1 大卫·休谟：《人性论》，1739 年。

期结果。决定的直接意愿和利益的影响当然是大的，法律可作为对这种影响的密集检测。它也是人们的行事手段，如果没有它，人们就只能依靠自己的远见，前提是这种远见是完全理性的。对于法治来说，尽管它可能是特定行为的产物，但它是根据无限多种其他可能行为而制定的。它必定是一般化的，因为它是一大批事实可预见结果的一般化表现。如果某个特定事件给法治内容带来不恰当影响，很快就会被否决，要么明确否决，要么通过忽视否决。根据这个理论，作为“理性体现”的法律意味着为达到特定结果的行为手段和步骤的系统概括。理性是功能，而不是偶然来源。法律是理性的，因为人们能知道是谁选择并设定了前提条件，通过这些条件产生期望的结果。最近有一名认为“理性”生成了法律的作家写道：“理性地看，债务并不会随着时间的流逝而不成为债务，但是法律规定了期限。理性地看，非法侵入罪不会因为无限重复而不成为非法侵入，不过法律倾向于认为未及时受到抵抗的非法侵入可以获得正当地位。时间、空间和机会对纯粹理性来说无关紧要，但是它们在法律秩序中发挥了自身作用。”[1]但是，如果理性涉及采用什么手段达成结果，那么时间和空间就是能发挥重大影响

---

1 威廉·欧内斯特·霍金：《人与国家》（*Man and the State*，1926）。

的事物，因为它们影响着结果以及预见结果并就此采取行动的能力。我们可能会选择法定时效作为证明法律拥有合理性的完美范例。只有根据正式逻辑从“纯粹”的角度看待理性时，上述事例才能体现理性的局限。

公众组织成为国家的第三个标志是，它关心旧的已经确立的根深蒂固的行为模式，这个标志也是对我们理论的检验。发明创造是相当个人化的行为，即使是一堆人共同创造新事物也是如此。新项目是由私营倡议推动进行的。想法或计划越新，脱离实际上已获得承认或确立的事物就越远。这件事情的本质在于，创新是违背了惯例。因此，它很可能会遇到抵制。诚然，我们生活在一个充满发现和创新的时代。笼统地说，创新本身已经成为一种习俗。想象力已经习惯了它，它备受期待。如果新鲜事物的形式是机械设备，我们倾向于欢迎它们。但是这种情况远非经常发生的。通常的情况是对任何新出现的事物都带着怀疑态度敌视，即使新鲜事物是工具或用具。因为创新不同于常规，随之而来的是给我们已经习惯看起来“自然”的行为带来某些不可预料的干扰。正如最近一位作家清楚表明的，创新出于某种直接的便利暗中开疆拓土。如果它们在改变行为习惯方面的效果和长期结果能够被预见的话，毫无疑问大部分创新会被当作邪恶的事物摧毁，很多创新也会迟迟不为人接受，因为它们会被认为是亵渎神明的。[1]不论在任何情况下，我们都不能认为创新是国家的功劳。

有组织的共同体依然不愿意采用非技术性质的新思想。人们认为它们将会对社会行为产生干扰，如果考虑到已确立的旧行为的话，情况确实如此。大多数人不愿意扰乱自己的习惯，不仅仅是明显的行为习惯，还包括信仰习惯。新思想是对已获得承认的信仰的扰乱，否则它就不成其为新思想了。这里只不过是说新思想的产生是一个相当私人化的行为。从迄今为止存在的国家来看，我们对国家的最高要求就是它能容忍个人创造新思想而不加干涉。能组织创造并传播新思想和新思维方式的国家或许有一天会出现，但这种国家只是一种信仰，而不是一种可见的事实。当新思想的有益结果成为共同信念并成为一种信誉时，那种国家就会出现。的确，人们会说即使现在的国家也提供了一些安全保证，这对个人进行有效发现和创新是必不可少的。但这种服务是一种副产品，与公众维持的那些条件是毫不相关的。公众在其最关心的事态方面完全不喜欢技术路线之外的想法，如果人们能意识到此事的严重程度的话，这些保证就可以抵消了。无论如何，无论国家多么歌颂公众，期待公众提升至超过其平均成员的智力水平之上是荒谬的。

---

1 克拉伦斯·爱德温·艾尔斯：《科学：错误的救星》，1927 年。

当一种行为模式变得古老而熟悉，当一种工具的使用成为理所当然，假设它是其他习惯性追求的前提条件，它一般会处于国家的范围内。一个个人或许可以在森林建造自己的小路，但是高速公路通常是公共利益。如果没有能自由使用的道路，人们差不多相当于荒岛上被遗弃的人。运输和通信手段不仅影响使用它们的人，还影响依赖它们的运输品的人，不论运输的是产品还是顾客。简易快速的相互联系增加，意味着会有越来越多来自遥远市场的产品，这就给规模生产带来了溢价。因此，铁路和高速公路是否应由公务人员管理并制定官方规定措施这个问题成为争议性话题，因为铁路和高速公路已经成为社会生活的固定基础。

将古老的已确立的行为模式纳入国家统一管理范畴的趋势拥有心理学支持。习惯节约了脑力和体力能量。它使思维不再需要思考手段，从而使思想得以解放，从而得以考虑新的条件和目的。另外，干预业已确立的习惯会带来不安和反感。由于人们在情感上倾向于避免麻烦，把注意力从规律性重复的事物上转移开来使效率进一步加强了。因此，人们倾向于把高度标准化和统一化的行为交由公众代表安排。很有可能有一天，不仅铁路的操作和管理变得程式化，现有的机器生产模式也会如此，那样的话，商人无须反对公共所有权，反而会支持它，并把能量奉献给需要更多创新、变化和机会的事情，去冒险，去获益。可以想见，即使在普遍私人所有权的体制下，他们也不想劳神进行常规工作，正如他们不想打扫公共街道一样。即使在现在，机械生产商品并不是大规模的“个人主义”和“社会主义”对峙，而更多是实验性和新颖的管理方法与习惯性和理所当然的方法之间的对立，是理所当然被认为是其他事务条件的事务与有重要意义的事务之间的对立。

公众的第四个标志反映在它认为儿童和其他依赖者（例如精神病患者、永久性无法自理者）是其特别关照对象。当任何事物的相关参与方地位不平等时，其关系将是单方面的，某一方的利益将受到损害。当结果很严重，尤其是当结果无法挽回时，公众将承担补偿性后果。法律更愿意规定儿童而非成年人、女性而非男性的工作时间。总之，尽管有人声称劳动法违反了合同自由，它实际上是合理的，协议各方的经济资源迥然不同，没有签署真正协议的条件，此时国家采取了行动，制定了可进行讨价还价的标准。不过，工会常常反对这种“家长式”法律，认为与没有劳动者积极参与的协议相比，劳动者自愿结合确保共同讨价还价更好。常见的反对意见认为，家长制会让相关人士永远处于儿童的地位上，没有自助的动力，这也是出于同样的出发点。不过，此处的差异并非因为地位不平等从而需要公共干预的原则，而是在于确保及维持平等的最好手段。

一直有一个倾向认为儿童的教育本来是政府的责任，尽管实际上儿童主要归家庭照料。但是，教育有可能发挥作用的阶段就是儿童时期，如果没有利用这个阶段，结果是不可挽回的。这种忽视在之后几乎无法弥补。从这种程度上来说，某种指导和培训将会对社会结构带来重大影响，一些规定被制定出来，影响父母与儿童的关系，为了维持学校，那些没有子女的人被征税——尽管赫伯特·斯宾塞认为恰恰相反。[1]另外，如果对使用危险机器的行业以及带来不卫生条件的行业缺乏保护措施的话，后果很严重，难以弥补，因此现代公众采取措施确保各种条件有助于安全和卫生。采取保险措施让病人和老年人处于政府保护之下也反映了同样的原则。尽管对最低工资的规定依然存在争议，但是支持它的论点也符合上述标准。实际起到作用的论点在于，确保生存的最低工资会给社会带来非常严重的间接后果，因此把它交由相关方面决定是不安全的，因为眼前的需求可能使一方无法进行有效的议价。

据说人们并不打算设定提前制定好的标准，确保出现某种结果。我们并不想预测未来国家行为将会采取哪种特定形

1 在 1884 年的作品《人与国家》中，政治哲学家与社会理论学家赫伯特·斯宾塞的著名看法是反对公共教育体系，认为它强迫纳税人为其他人的孩子接受教育出资。他认为，这限制了个人自由。——译者注

式。我们只是想指出区别公共行为和私人行为的那些标志。个人和群体之间事务导致公众产生的原因是，这些事务的非直接结果——它们对非直接参与事务之中的人的影响——具有其重要性。这种重要性也并非没有模糊性。但是至少我们指出了可称得上重要的一些因素：也就是结果影响广泛的特征，不论是在空间上还是在时间上，它们的结果是固定、统一且周期性的，且具有不可修复性。这些事情都涉及程度问题。其中并没有清晰明确的分界线，像退潮的大浪留下的分界线一样将它与偶然事件区分开来，公众出现是因为相关利益太大了，需要特定机构或政府官员来照顾。因此，争论的空间总是存在的。个人主动管理和需要国家管理的行为之间的界限需要通过实践来区分。

我们随后将发现，为什么有明确原因需要根据不同时间和地点区别对待。公众依赖于行为的结果以及对结果的看法，公众构成国家取决于发明以及使用特定工具的能力，这种事实显示了为什么公众和政治机构在不同时代和不同地点会有很大的不同。认为对个人以及国家的固有性质和局限可以达成因果概念，并通过这种概念能一劳永逸地带来好的结果，这种想法是荒谬的。不过，如果国家是有固定的因果机构构成的，就应该有确定性质，或者如果个人有不受联合条件影响的固定性质，那么个人和国家的活动领域可以进行最终全面区分就是符合逻辑的结论。然而，这种理论没能做出实用的解答，这进一步证明了，把行为结果作为关键点来强调的理论是正确的。

总之我们需要明确说明公众、政府和国家之间的相互关系意味着什么。关于这个问题有两种极端看法。一种看法认为，国家等同于政府。另一种看法认为，国家自身是一种必要存在，它进一步形成并雇佣了特定机构成为政府，很像一个人雇佣仆人并给他们指派职责。根据因果机构理论，后面一个看法是恰当的。某种力量，不论是共同意志或是形成集体的个人的单独意志，促使了国家的形成。然后，后者作为次级机构选择了特定个人采取行动。这种理论支持那种认为国家存在固有的神圣不可侵犯性的人的看法。大量历史事实展示的具体政治罪恶可归咎于易犯错误的腐败政府，国家尊严不受损害。将国家等同于政府的优点在于能让人们关注具体的可观察的事实，但是它也与统治者和人民之间难以分割有关。如果政府自己独立可以存在，那要政府有何用？坚持允许它治理的忠诚与顺从有何用？

超前的假设使我们摆脱了围绕这两种理念的困惑。相互行为的持续、广泛和严重后果导致了公众的出现。公众本身是无组织无形式的。通过官员以及他们的特殊权力，它成为国家。通过代表官员表达并行使其权力的公众就是国家；如果没有政府，就没有国家，同样的，没有公众也没有国家。官员依然是特殊的个体，他们行使特殊权利。这些权力可被用于他们为自身谋福利。那么政府将会是腐败专制的。除了使用非同寻常的权力寻求个人利益之外，坚持阶级利益和偏见都被官员的自身地位加强了。一名最优秀、最聪明、最有经验的观察家指出："权力就是毒药。"另一方面，政府职位能扩大某人的视野，激发他的社会利益，从而使他展现出作为一个政治家与其私人生活不同的特点。

不过，由于公众只能通过官员及其行为来构成国家，由于担任政府职位并不能带来神奇的转变，政府行为的愚蠢和错误既不让人费解，也不令人沮丧。引发这种情景的事实反而应该保护我们，让我们不要抱有幻想，期待单纯改变政治机构和手段能带来非凡的变化。这种变化有时会出现，但是它的出现是因为产生新公众的社会条件已经为它做好了准备，国家对已经在发挥作用的力量进行了正式批准，给了它们明确的表现渠道。"国家"的概念是就其本身来说的，它从内在反映了共同意志和理性，有助于产生错觉。它在国家和政府之间做出了明确的区分，从那些理论的观点来看，政府或许是腐败有害的，但国家维持了固有的尊严和高贵。官员或许卑鄙、顽固、傲慢且愚蠢，但是他们所服务的国家的本质依然丝毫无损。不过，由于公众是通过政府形成国家的，官员是什么样，国家就是什么样。只有公众对政府工作人员持续保持警觉和批评，国家才能保持完整和有效性。

讨论国家和社会的关系时，我们又获得了一些启示。个人和群体的关系问题——有时被称作个人与社会的关系——是毫无意义的。我们或许还可以提出字母表中的字母和字母表的关系。字母表是由字母构成的，“社会”是个人与其他人的联系。字母彼此结合的方式显然非常重要，字母结合起来构成词和句子，但是除非它们是结合的，否则没有作用和意义。我不能说对后者的表述与个人完全等同，但是不可否认，单独的个人通过与他人经常性多样化的联合而存在及表现。这些共同行为模式及其结果不仅深深影响独立个人的外部习惯，还影响他们的情绪、欲望、计划和价值判断倾向。

不过，“社会”既是抽象名词，也是集体名词。具体来说，有大量各种各样的社团、协会、组织，有不同的关系，代表不同的利益。它们可能是黑帮或犯罪团伙，体育、社交和美食俱乐部，科学和专业组织，政党和其中的联盟，家庭，宗教教派，商业合作和企业等，这个名单无穷无尽。这些联合可能是本地的、本国的和跨国的。由于没有哪一个可以被称作“社会”，除了它们的无限重合，因此没有不合格的褒义含义符合“社会”一词。某些联合基本上是被认可的，有些是被谴责的，这取决于它们对参与其中的人的品格和行为的影响，以及它们对其他人更远的影响。所有社团，就像所有人类事务一样，高低不一，

"社会"需要批判性区别性地看待和判断。某种程度的"社会化"也就是需求、信仰和工作由于共同行为做出的反射性调整是不可避免的。不过它既反映在轻佻、放荡、固执、狭隘和违法的人身上，也反映在能干的调查者、饱学的学者、有创造性的艺术家以及好邻居身上。

如果只关注令人满意的结果的话，似乎没有理由把所有通过人类联合产生和维持的结果归因于国家。不过，思想不受约束的归纳和固化的倾向已经导致社会一元论看法，同样的思想已经远远超出了"社会"实体化的范围，形成了夸张的理想化国家。任何形式的联合带来的结果都习惯性地被某一派学者归因于国家。结果自然是让国家远离了指责。因此，反叛国家被认为是种不可饶恕的社会罪行。有时这种神化来源于当时的特殊需求，例如斯宾诺沙和黑格尔的例子。有时候，它来源于之前对普遍意志和理性的信仰，因此需要找到某些经验主义的现象，可以看作这种绝对思想的具体化。然后通过循环逻辑，它又被看作存在这种思想的证据。我们讨论中纯粹的重点是，国家是一种独特的第二性的共同体，有特定的工作要做，有特定的运行机构。

大多数国家在形成之后，都对主要组织负责，这的确没错。当国家是好的国家，公众的官员真正为公众服务时，这种反射效果是非常重要的。它让受欢迎的联合更牢固更有凝聚性，并间接明确了它们的目的，净化了它们的活动。它打击了有害组织，让它们的存在期限变得不确定。通过提供这些服务，它让重要联合的个体成员有了更大自由和安全，让他们无须面对困难情况，如果需要亲自面对这些邪恶情况的话，即使是消极应对也会消耗他们的能量。它让个体成员能带有合理确定性地推断他人将如何做，这有利于对双方都有助益的合作。它创造了对他人和对自身的尊重。评判一个国家的好坏程度是要看它多大程度上将个人从消极努力和不必要的冲突中解脱出来，并给予他（原文如此）多大程度的积极保证以及多大程度上加强了他（原文如此）正在进行的工作。这是伟大的服务，不要吝啬承认国家在历史上转变了多少群体和个人行为。

但是承认这一点并不必然意味着所有协会都会被吸收进国家，也不是所有的社会价值都会成为政治价值。国家无所不包的性质只是意味着政府官员（当然也包括立法者）会采取行动，制定一些条件，以便任何形式的协会都能在其中运行，其全面性特征只是指其行为的影响。战争结果的影响范围像地震一样，可能“包括”在特定领域内的所有因素，但是这种覆盖性是经由效果，而不是经由内在特征或权力。一项有益的法律，就像普遍经济繁荣的条件一样，或许会对某个特定地区的所有利益产生积极影响，但是不能把它称作整体，把受到影响的因素称为部分。公众行为的自由和确定的结果也无法解释为能产生整体性的理想化国家，与其他社团形成对比。这是因为国家行为对后者常常是有害的。国家的一个主要职能就是发动战争并镇压有异见的少数人。另外，即便其行为是良性的，也要以非政治性的共同生活形式的价值观为条件，这种价值观通过公众的代理人延伸并得以强化。

我们支持的假说明显与所谓的多元化国家理念存在明显的接触点。它还体现出明显的区别。我们的多元形式学说是对事实的陈述：即世界上存在多元化的社会组织，好的、坏的以及中性的。它并不是对国家行为进行固有限制的学说。它并没有暗示国家职能局限于解决其他组织的纠纷，就好像每个组织都有各自固定的行动范畴一样。如果真是那样的话，国家只是避免和纠正一个组织侵入另一个组织的仲裁者。对于任何关于国家行为能延伸多远的普遍性彻底含义来说，我们的假说都是中立的。它并不暗指任何特定的公众行为政体。有时候，某些人共同行为后果的影响太大了，以至于产生大量公众利益，只有通过设定一些条件，在群体内进行大规模重组才能满足这些利益。教会、工会、商业企业或家庭机构固有的神圣不可侵犯性都比不上国家。它们的价值也要通过结果来判断。结果随着具体条件不同而有所区别，因此在某个时间某个地点国家会采取大量措施，在另一个时间会采取沉默和放任政策。正如公众和国家随着时间和空间不同而不同一样，国家采取的具体职能也是如此。没有办法提前规定普遍的命题，并根据它来决定限制或扩大国家职能。它们的范围应该通过批判性的和实验性的手段来决定。

第 三 章

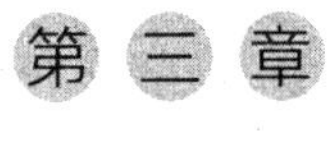

民主国家

从精神、道德和外在表现上看，个体是活动的中心。他们受到各种社会影响的支配，决定他们想什么、计划什么以及选择什么。相互冲突的各种流派的社会影响只有通过个人意识和行为才能成为单独的决定性问题。当一种公众形成后，也遵循同样的规律。它做出决定、达成协议以及执行决议都要通过个体作为媒介。这些个体就是官员，他们代表公众，但是公众只有通过他们才能发挥作用。以我们这样的国家为例，议员和行政官员是由公众选举出来的。这种措辞似乎显示公众发挥着作用。但是行使管辖权的是单独的男男女女，公众是投票的众多人的总称。作为投票公民，这些人每个都是公众官员。他作为公众利益的代表表达自己的意愿，与参议员和司法长官没什么不同。他的选举可能表达了他通过选举某人或批准某部法律增加个人收入的希望。换句话说，他可能无法成功代表交付给他代表的利益。但是从这个角度来说，他与那个明确指派的公众官员没有什么区别，众所周知，这些官员也会背叛交付给他们代表的利益，无法忠实代表它。

换句话说，每一个公众官员，不论他是作为选民还是作为被委任代表公众的官员，都有双重地位。这个事实引发了政府最严重的问题。人们通常说某些政府是代表，某些不是。根据我们的假说，所有政府都是代表，旨在代表作为个体和群体的公众利益。关于这一点，并不存在什么异议。政府中的人依然也是人。他们保留作为普通人的那部分人性特点。他们依然需要满足个人利益，满足特殊群体、家庭、派系以及所属阶级的利益。一个人几乎无法完全融入政治职能，大多数人顶多可以做到公众福祉超过自身其他要求。“代议制”政府的意思是，公众明确组织起来，意图确保这种优势。每个政府官员的双重地位导致了个人在纯粹政治意志行为以及非政治角色意志行为之间存在冲突。当公众采取特殊手段解决这个问题，确保冲突最小化，代表性职能超过个人职能，政治机构才能具有代表性。

有人或许会说，公众直到最近才意识到他们是公众，因此说他们自行组织起来保护自身利益是荒谬的。因此，国家是最近才发展出来的。的确，事实是，如果我们用严格概念定义国家的话，很难给国家安上很长的历史。因此，什么样的国家和人民能被称作国家或多或少是书面定义。因此，严格区分用以辨识的多种形式是很重要的。这种区别导致了重要事实的产生，不论是否使用“国家”一词。它显示，在很长一段时间里，与统治者利用权力达成的其他目标相比，其公共角色只是偶发的。政府机器是存在的，但是从严格意义上来说，它被用作非政治性目的，是为了可以推进王朝利益。这就引出了公众的主要问题：获得自我承认，从而有权选择政府代表，并决定他们的职责和权力。我们可以看到，对这个问题的思考让我们进入了民主国家的讨论范畴。

纵观整个历史，选择统治者并授予他们权力是政治事件。有人曾被选作法官、行政领导以及行政官员，而不是因为他们有能力服务公众利益。某些希腊古国以及中国科举制度引人注目的原因就是它们是例外情况。历史显示，基本上，人们能够进行统治是因为某种有特权的显著地位，并不受决定性的公共角色影响。如果我们想提出公众概念，我们就得承认，有些人毫无疑问适合做统治者，因为他们拥有政治考量之外的特征。因此，在很多社会中，男性长者行使统治权，只是因为他们是老年男性。老人政治是一种习以为常且普遍存在的事实。毫无疑问，人们假定年长就会更了解传统，经验更丰富，但是很难说这种假定是给予老年男性垄断性统治权的有意识的影响因素，还不如说这是事实使然，因为他们已经拥有权力。拥有最少抵制和最少反对的惯性原则发挥了作用。那些已经在某些方面地位显著的人，也就是说那些有花白长须的人被授予了政治权力。

军事上的成就与选择什么人来统治的因素无关。不论“帐篷是城市之祖”[1]是否正确，不论赫伯特·斯宾塞所说的政府“来自战争目的的统治权”[2]是否正确，毫无疑问，在大多数社会，一个人赢得战争的能力似乎表明他注定是社会民政事务的管理者，而无须争论这两种职位需要不同的才能，在一种职位上的成就并不证明适合担任另一个职务。事实就是事实。我们也无须从古代国家寻找证据证明其真实性。名义上民主的国家也有同样的倾向性，认为能打胜仗的将军是类似上天选择的政治家。理性常常告诉我们，那些最会煽动民众支持战争意愿的政治家，出于同样的原因，没有能力确保政

---

1 杜威所指的是大卫·休谟在《人性论》中的评论：“帐篷是城市真正的起源；由于紧急事件的突发性，如果某个个人没有某种程度的权威，就无法控制战争，取代军队的民事政府自然也拥有这种权威。”——译者注

2 杜威指的可能是赫伯特·斯宾塞的《人与国家》的如下段落：“不论人是否是在探究和罪恶中塑造的，毫无疑问的是，政府是在侵略与被侵略中产生的。在常年维持和平的不发达社会，是不会存在我们所谓的政府的……相反地，我们发现在战争中暂时获得承认的领导，随着战争的持续，首脑的权威获得确立；如果战争胜利结束，获得周边部落的臣服，这种权威进一步增加。各种族不断有例子证明这一点，首脑强权发展为国王，随着征服习以为常，征服的国家越多，权威就越大。”——译者注

府维持公正持久的和平。不过，《凡尔赛条约》显示，即使在条件发生了重大改变，需要出现有不同看法和利益的人时，进行人员替换也是非常困难的。凡有的，还要加给它。选择最简单的方式是人类本性，这使得希望在民事职能中拥有出色领导人的人会紧紧抓住那些已经很出色的人，不论出于什么原因。

除了老年人和战士之外，医生和牧师也是统治的现成注定人选。当团体福利不确定，需要取决于超自然存在的恩惠时，那些拥有某种技艺，能够避免天神愤怒和嫉妒，并获得其欢心的人，就拥有了治理国家的优秀能力。能长寿，能在战争中取胜，能掌握神秘力量就成为加入政治体制最突出的特点。对远期影响最大的是动态因素。幸哉占有者。统治者的家庭凭借这个事实拥有显赫地位和较大权力。卓越的地位容易被视作优秀。神授职权会伴随已经统治了足够多代的家庭，对其原始剥削的记忆变得模糊或传奇化。伴随统治而来的薪酬、威势和权力被认为无须理由。他们不仅润色及自抬身价，而且被看作本身就应该拥有统治权的象征。偶然产生的习俗获得巩固，既定权力有办法让自己合法化。与国内外其他有权势的家族联合、占有大片土地财产和朝臣并获取国家收入及其他大量与公众利益无关的事情确立了动态地位，同时将真正的政治职能转作私人之用。

另一个复杂之处在于，统治者的光荣、财富和权力诱使人们获取和利用政府机关。引诱人类争名夺利使得政府权力越来越有吸引力。为了满足公众利益，需要职能集中化和广泛覆盖性，换句话说，它们成了官员追求个人利益的诱惑。所有历史都显示，人类头脑很难全然牢记他们披上权力和荣耀外衣时所交付给的目标，他们很容易将这套服装用于推进个人和阶级利益。实际上，如果虚伪是唯一甚至主要敌人，问题反倒更容易一些。例行公事的轻松、确定公众需求的困难、获得有权势地位所能获得的瞩目以及对即刻可见结果的渴望占据了人们生活的中心。人们常常能听到对当前经济体制不满的社会主义者说“工业需要脱离个人的掌控”。人们能看出他们的意图：停止个人利益对经济的决定，实现生产者和消费者的利益，而不是服务于金融家和股东的利益。但是人们不禁怀疑如此信口开河的人有没有问过自己，工业应该交到谁的手上？交到公众的手上？但是，呜呼，公众没有手，除非是独立个人的手。关键问题是改变这些手的行为，以便推动社会利益。要想实现这种结果，不能靠魔法。让人们利用集中政治权力服务于私人目的的那些原因将继续发挥作用，使人们将集中经济权力用于非公众目的。这一事实并不代表这个问题无法解决。但是它指出了问题在哪里，不论它带有什么样的伪装。由于政府官员有双重面孔和地位，需要哪些必要条件及手段才能确保公众和政治角色那一面拥有洞察力、忠诚和活力?

这种老生常谈的考量被提出来，作为讨论民主政府问题和前景的背景。民主一词有很多含义，其中一些拥有太广泛的社会和道德含义，与我们的直接主题没有关系了。但是其中一个的含义是完全政治性的，因为它表明了一种政府模式，一种选择官员并规范他们作为官员行为的特定行为。这不是民主众多不同含义中最有启发性的，只是在特征上相对特别，但是它包含与政治民主相关的一切。现在，构成政治民主的政府官员的选择和实践的理论和行为已经在上述历史背景下制定出来了。首先是消除通过偶然及不相关因素决定权力所有权的力量，其次是消除利用政治权力满足个人而非公众需求的倾向。脱离历史背景讨论民主政府整体是不得要领的，无法进行明智评价。采取独特的历史视角看待民主并不是贬低民主作为道德和社会典范的重要性及杰出性。[1] 我们大大限制了讨论的主题，是为了避免面面俱到，明确区分混杂的事务。

在过去一个半世纪，民主的一系列运动影响了几乎全球政府的形式，它被看作历史趋势，它是复杂的。目前有一个神话，

---

1 要想了解民主是道德典范的几个理由，读者应该参见杜威如下文章或著作：“民主伦理学”（1888），“哲学和民主”（1919），《伦理学》（1932），“创造性民主——我们面对的任务”（1939）。——译者注

大意是这种运动源于一个明确理念，并通过一个牢不可破的动力朝注定结果前进，不论前方是成功的荣耀还是致命的灾难。恐怕很难有比这更简单没有杂质的神话了。但是，人们对民主政府的称赞或指责很极端，问题在于没有把它与其他政治形式进行比较。即使最非偶然性、最精细计划的政治形式都无法实现完全无争议的“善”。在复杂的竞争力量中，它代表了一种选择，最有可能实现“善”的最大化和“恶”的最小化的选择。

另外，这种说法过于简单化了。政治形式的形成不能一劳永逸。它一旦形成，最大的改变只不过是大量修改以及反馈性调节，都是根据特定情况改变的。回顾历史，可以发现产生相对稳定的单一方向改变是可能的。但是我们再次重申，将这种存在的一致结果（它是很容易被夸大的）归因于单一力量或原则就是一种神话。政治民主是对大量情况的大量反馈性调整所产生的一种结果，其中没有哪两种情况是类似的，但是却趋向于形成共同结果。另外，民主趋同性不是特殊政治力量和政治机构的结果。民主主义更不是民主的产物，也不是某种内在努力或固有想法的产物。简而言之，在之前的政治机构改正其邪恶的努力中可以看到民主合力的效果，民主运动是一步步发展的，每一步都无法预知后果，在很多情况下，它会受到大量不同的鼓动和口号的影响。

更重要的是，需要意识到，补救措施产生的条件以及成功的条件最初都不是政治性的。因为罪恶是长期的，对任何行动的解释都需要提出两个问题：为什么改进措施不更早出现，以及当它们出现时为什么采取那种形式？对这两个问题的回答将从政治领域最终发生的与众不同的宗教、科学和经济变化中寻找，它们基本上是非政治性的，与民主内容完全无关。在运动过程中，会出现重大问题以及广泛的想法和理想。但是关于个人本性及其权利、自由和权利、进步和秩序、解放和法律、共同利益和共同意志以及民众本身的理论并不会产生运动。它们反映在思考中；它们一旦出现，就会参与之后的努力，并产生实际效果。

我们坚持认为，政治民主的发展是大量社会运动合力的结果，没有哪个单一运动的起源或动力是源于民主理想的启发，也没有计划其最终结果。这一事实让对概念性解读民主的赞扬或指责都变得无关紧要，不论对或错，好或坏，它都反映了思维事实，而不是思维者。无论在何种情况下，已经发生的历史事件都非常复杂，想也不要想在这本书中详细复述，即使有知识和能力，也无法做到，何况并没有。不过，需要思考两个普遍而明显的问题。最终形成民主政治形式的事件是在反抗既有政府和国家形式中发生的，这些运动对政府权力深深地感到恐惧，其驱动力是将政府权力减至最低，以限制政府可能带来的危害。

由于既有政治形式与其他机构联系密切，特别是教会机构，并有牢固的传统和既定信仰主体，所以反抗也影响了教会。因此，实际情况是，运动中用于表达自己的知识术语具有消极一面，即使看起来是积极的。自由象征着从压迫和传统中解放出来，但它本身作为一个目的展示出来的。鉴于从思想层面上来说，必须找到反抗运动的合法性，由于现有政权代表机构生活的一面，自然要诉诸抗议个人所具有的某些不可分割的神圣权力。因此，“个人主义”一词出现了，这个理论授予个人独立于任何组织的权力，除非是他们为了自己的目的根据与生俱来的自然权力刻意组成的。对有限制性的旧团体的反抗就从思想上转变成了独立于所有协会的信条。[1]

因此，正如约翰·洛克有影响力的哲学所指出的，限制政府权力的实际行动与一种信条结合起来，即限权的理由与合理性根植于个人结构中的非政治权力。[2]根据这个信条，很容

1 这种极度压缩的历史观点，对当代个人的描述以及个人与国家的关系集合在杜威所说的“民主政治形势”中.应该与他对这个问题的详细描述进行对比，参见 1930 年的《新旧个人主义》和 1935 年的《社会行为》。在这两部作品中，杜威明确区分了民主和个人主义，对它们的联系进行了历史解释，并解释了这种联系在当代社会意味或者应该意味着什么。——译者注

2 杜威所指的是洛克 1690 年的《政府论》。在这部作品中，杜威著名地辩护称自然权利是区分合法和非法政府的基础，也是反抗暴政的合法性基础。——译者注

易得出结论，认为政府的唯一目的就是保护个人的天生权利。美国革命是对既有政府的反叛，它自然借用了这些看法，并将其发扬光大，从意识形态上解释获取殖民地独立的运动。现在，很容易构想一些情况，在那些情况下，通过主张非政治性的其他群体权力，对旧政府形式进行反叛，从而创立自身理论构想。要求个人作为独立单独的个体存在从逻辑上是讲不通的。在抽象逻辑中，某些基础群体有足够理由主张权力不受国家侵犯。在那种情况下，著名的个人与社会的悖论，以及它们的和解问题就无从提起了。问题的形式将变成定义非政治团体与政治群体的关系。不过，正如我们已经指出的，令人厌烦的是，国家在事实上和传统上是以教国二元的形式与教会组织、经济组织（比如行会和公司）等密切联系中一起，甚至也与科学研究联盟和教育机构联合。最简单的方式是回归单纯的个人，清除所有个人天性和权力以外的协会，除非出于自身的选择，并为了确保个人目的。

没有什么事实比同样诉诸本我和自我知识的哲学理论更好地展现了这种运动的范围，以个人意识等同于思维本身，以政治理论建构自然个体，就像拥有最终裁决权的法院一样。洛克和笛卡尔学派尽管在其他方面针锋相对，却都同意这一点，唯一的区别在于起决定性因素的是个人的感性还是理性一面。这个概念从哲学延伸至心理学，成为对孤立的个人终极意识内向内省的解释。自此之后，道德和政治个人主义信条就获得了“科学”认可，并使用心理学流行词汇：尽管被认作起科学基础的心理学其实是其自身的产物。

“个人主义”运动的经典表现是“法国大革命”的伟大事件，它一次性消灭了所有形式的协会，理论上让个人与国家面对面接触。然而，还有另一个因素需要注意，如果不是这个因素的话，它很难实现这一点。随着杠杆和钟摆，特别是透镜这样的新机械用具的发明和使用，新的科学运动成为可能。尽管这些用具使用时间很长，却从来不曾形成在科学理论上进行崭新尝试的想法。正如培根所预言的，这种探究的新进展带来了巨大经济变化。这很大程度上源于带来新机械发明的工具。随着机械在生产和商业上的使用，产生了新的强大社会条件、个人机会和需求。它们的充分表现受到了既有政治和法律行为的约束。法律规定影响了希望在生活各个阶段利用新经济机构的人，阻碍并压制了生产和交换的自由进行。既有国家习俗在思想上通过重商主义理论得以表达，它阻止国家间贸易扩张，限制了国内工业发展，亚当·斯密在《国富论》中对它进行了批判。从国内来看，存在沿袭自封建主义的约束网络。劳动力和主要产品的价格不是通过讨价还价由市场形成的，而是由地方执法官设定的。法律约束职业选择、学徒制、劳动力从一个地方向另一地方的迁徙，从而阻碍了工业发展。

政府敌视生产和分配服务和新的生产流通部门发展，因此，对政府的担忧和限制其行为的渴望不断加强。经济活动的影响可能更大，因为它不是以个人及其固有权力的名义进行的，而是以自然的名义进行的。源于自然需求的劳动促使了财富的产生；为了长远享乐而进行的暂时节制积累了更多财富和资金；贸易竞争自由产生了供需法则；这些经济“法则”是“自然”法则。它们是人造、人为政治法则的对立面。最少受到质疑的历史传统就是自然概念，这使得自然成为随时可以引用的概念。不过，古老的形而上学的自然概念变成了经济概念：自然法则根植于人类天性中，约束着商品和服务的生产及交换，如果它们不受政治干预的话，就能带来最大程度的繁荣和发展。[1]民意很少受到逻辑一致性问题的困扰。自由主义经济理论基于对善意自然法则的信仰，它使个人利益与社会利益和谐相处，并很容易与自然权力学说融会贯通。它们有相同的实际含义，朋友之间，还需要什么逻辑呢？因此，尽管促进了经济学中自然法则经济理论产生的实用主义学派反对自然权力

1 的确，自然法则传统中发生了很大改变，存在很多细微差别，但是它基本上指的是相信自然界有普遍适用的法则。杜威此处所指的是斯密的自由市场理念，但是远远超过了斯密理念的范围，盈利的渴望以及不可避免的竞争作为自然法则确保市场自我调整，无需政府干预。——译者注

理论，却无法避免两者融合广受欢迎。

尽管有别于实践，但实用主义理论是民主国家理论发展极为重要的因素，值得逐条详细说明。[1]每个人自然都会寻求个人命运的改善。只有工业能实现这一点。每个人都自然是自身利益最好的判断者，因此，如果不受人为施加的限制影响的话，人们就能在工作选择及服务和商品交换方面展现自身判断。因此，倘无意外，他将通过工作热情、交换的精明以及自我克制的节俭实现自身幸福。财富和安全感是经济美德的天然回报。同时，工业、商业热情以及个人能力也有助于社会福利。通过制定了自然法则的那双善意的深谋远虑的看不见的手，工作、资本和贸易和谐运行，为人类全体以及个人带来益处和进步。需要担心的敌人来自政府干预。政治管理存在的唯一原因是某些个人偶然及刻意侵犯了别人的活动及财产，因为勤勉能干的人所拥有的财产对懒惰无能的人来说是一种诱惑。这种侵犯的实质是不公平的，政府的职能是保证公平，主要表现在保护财产及涉及商业交易的合同方面。如果没有国家的存在，人

1 杜威指的可能是杰里米·边沁、詹姆斯·密尔以及亨利·西奇威克等哲学家和改革家的影响。功利主义看法，特别是边沁作品中提到的看法，通过功利原则影响了 19 世纪的经济理论，也就是说，如果政策和行为是为了促进绝大多数人的福利，那就是好的正确的政策和行为。——译者注

们或许会占有其他人的财产。这种占有不仅对勤劳的人是不公平的，还使得财产不安全，打击了人们的积极性，因此削弱或摧毁了社会进步的动力。另一方面，国家职能原则对政府活动也是一种限制。就像刚刚定义的，国家只有确保在其行为公平时才可称之为国家。

这样想来，政治问题本质上是发现并制定一种手段，限制政府行为，使其保护个人经济利益，这种经济利益是个体生命和身体的一部分。统治者通常都是贪婪的，希望用最少的个人努力拥有财产。如果不加约束的话，他们会利用政府职位授予的权力随心所欲地向其他人的财产征税。即使他们保护个人公民的工业和财产不受其他个人公民的入侵，也是为了他们能保留更多资源用于自身横征暴敛。因此，政府的本质问题简化为：怎样避免统治者以被统治者的利益为代价推行自己的利益？或者用积极的话说，通过什么样的政治手段，才能让统治者的利益与被统治者一致?

对这个问题的著名回答来自詹姆斯·穆勒对政治民主性质的经典表述。[1]其显著特点是普选官员、短任期以及频繁选举。

1 在 1820 年的“政府”一文中，密尔认为直接民主是无效的，由于政治规定所带来的责任，会对公民创造性劳动产生威胁。他认为，唯一的替代方式是代议制体系。——译者注如果政府官员的政府职位和报酬取决于公民，则其个人利益就与广大人民一致，至少与勤劳且拥有财产的人一致。通过普选选择的官员会发现，他们是否能选举进入政府机关取决于他们是否能够提供证据，证明他们有保护大众利益的热情和技能。短任期和频繁选举将确保他们履行职责；投票站将是他们的审判台。对选举的敬畏将使官员谨慎行事。

当然，在这段描述中我过分简化了已然过分简化过的事实。詹姆斯·穆勒的论文撰写于 1832 年《改革法案》之前。实事求是地说，它提出扩大选举权，当时选举权主要在世袭地主而非制造商和商人手中。詹姆斯·穆勒对纯粹民主只有恐惧。他反对公民权扩大至女性。由于蒸汽在制造业和贸易中的运用，产生了新的“中产阶级”，詹姆斯·穆勒对这个新阶级感兴趣。他的态度是，他确信，即使选举权向下扩大，中产阶级“给科学、艺术以及法律本身增添了最高雅的光彩，而这些方面是人性之优雅高尚的主要来源，影响力要决定的，正是这部分人群。”尽管这一学说过于简化，且有特定历史动机，但它来自普遍心理学事实，它恰当描绘了合理化解释民主国家运动的原则。无须对它进行过度批评。这个理论假定的条件和民主国家政府发展实际需要的条件之间存在区别，这一眼就能看出来。这种不一致就足以说明问题。这种不一致不仅反映了没有理论会怎样，还反映了不仅不尊重理论还无视政治会怎样：因为，一般而言，蒸汽使用适用于机械发明。

不过，下列看法是大大错误的，即认为独立个人能脱离协会“天生”拥有固有权力，以及认为经济法则是“天生”法则，而政治法则是人为的、有害的（除非谨慎地居于次要地位）、无所事事且无能为力的。这些看法不仅仅是妄自尊大。虽然它们没有推动运动走向人民政府，但是它的确深刻影响了这种政府的形式。或许更准确的说法是，这些理论更加重视持久的旧条件，而不是它们声称要报告的情势，这些旧条件因所谓的民主国家哲学而大大加强，从而产生了重大影响。结果民主形式是偏离、偏差和扭曲的。“个人主义”问题会根据后来的条件进行调整，把这一问题放在更加全面的表述中去看，我们会发现，新哲学的中心是“个人主义”，它在被提升至理论高度的同时，在实际中即将完全覆没。作为附属于自然力量和自然法则的政治事务，我们可能会说经济条件完全是人造的，而该理论对人造事物持谴责态度。它们是人为机构的补充，新政府掌握并使用这些机构满足新商人阶层的需求。

这些表述都很正式且全面。要使其含义明白易懂，需要进行细节分析。格雷厄姆·华莱士（Graham Wallas）在他撰写的《伟大的社会》一书第一章最前面引用了伍德罗·威尔逊（Woodrow Wilson，美国前总统）在《新自由》中的话：“昨天以及人类历史出现后的所有时间，人们都是作为个体相互联系的……现在，人们之间的日常关系主要是与机构的客观事务，而非与其他个人的关系。现在无异于新社会时代，新人类关系时代，掀开了人类生活新篇章。”[1]如果我们承认这些话有部分程度的事实的话，它们就意味着在机械力量和大量非人性化机构决定事物框架的时代，个人主义哲学非常不适合满足新时代的需求并指导新时代的要素。它们意味着个人需求和主张对社会发展方向影响甚微。

所谓“昨天以及人类历史出现后的所有时间，人们都是作为个体相互联系的”[2]的说法并不正确。在生活中，人们一直是与彼此相关联的，共同行为的协会影响了个人之间的关系。想象人类关系在多大程度上受到家庭的直接和间接影响就足够了，即使在国家是在王朝统治时期也是如此。但是事实依然与

---

1 华莱士所说的“伟大的社会”对杜威具有一定重要性。华莱士（1858—1932）是英国社会学家和政治学家，他在 1908 年的《人性和政治》一书中认为，偏见和习惯等非理性因素而非思考等理性因素是政治生活的标志。这种描述在他 1914 年的《伟大的社会》分析中进一步详细说明，他认为工业化创造了一个非人性化关系的大社会，将个人结合在一起，却又没有提供足够资源创造和维持治理所必须的共同经验。他认为，工业化带来的迅速发展超过了社会适应的速度。这需要一种新的机制复兴社区和相互依赖的感觉。——译者注

2 参见查尔斯·荷顿·库利《社会有机体的广泛思维研究》第 3 章关于“初级群体”，1909 年。——译者注

威尔逊所认为的截然相反。早期组织的种类大多数是库利所谓的“面对面”群体。那些真正重要的、对情感和智力形成重要的群体，都是本地的、临近的且持续接触的。如果人类真正懂得分享的话，他们分享的方式是直接的，以一种他们的情感和信念都能意识到的方式。国家即使专制地进行干预，也是天高皇帝远，是一个与日常生活无关的机构。要不然，它就通过习俗和习惯法进入人们的生活。不论其活动多么广泛，起作用的，不是其宽度和包容性，而是它在当地的即时存在性。教会确实是既普遍又密切存在于人们生活中的事务。但是，从人们的思想和习惯角度来说，它进入大多数人的生活并不是因为它普遍存在，而是通过对敬拜和圣礼来达成。新技术应用至生产和商业上引发了社会变革。当地社会出乎意料地发现他们的事务由遥远且不可见的组织决定。后者的活动范围如此之大，它对面对面协会的影响如此普遍且不间断，毫不夸张地说，“人类关系新时代”来临了。蒸汽和电力创造的《伟大的社会》或许是个社会，但并不是社区。新的相对客观机械化的共同行为模式对社区的侵入是现代生活突出的实际情况。严格意义来讲，这些聚集的社区活动并不是有意识地合作的，在其上也没有直接控制者。不过，他们是导致民族性领土主权国家出现的主要因素。让这些国家的政府成为现在意义上的民主政府或人民政府的主要推动力是公众对国家进行某种控制的需求。

在这项运动中，大量个人行为淹没在难以触及的远程集体行为的数不清的后果中，为什么这种活动会反映出个人主义哲学？做出全面回答是不可能的。不过有两个原因非常明显而重要。新条件释放了之前没有显露的人类潜能。尽管它们对社区的影响令人不安，却解放了个人，而其令人不快的一面则隐藏在未来难以捉摸的迷雾中。更准确地说，令人不快的一面主要影响的，是在旧的半封建条件下也受到压抑的社区因素。因为劳动大众地位不高，通常是刚刚从法律意义上摆脱农奴身份的临时工和伐木工，新经济条件对他们的影响基本可以忽略不计。临时工仍然像在经典哲学里一样公开发挥作用，是社区生活而非社区成员的基础条件。对他们的影响是慢慢变得明显的；到那时，他们已经获得了足够权力，足以成为新经济体制中的重要因素，获得政治解放，并融入民主国家形式里。同时，解放的影响对“中产阶级”成员，即制造业和商业阶级成员的影响是最引人注目的。如果把释放权力局限于获取财富并享受其成果的话，将是目光短浅的，尽管物质需求的创造和满足无法轻易忽视。倡议、创造、预见以及计划也被激发起来并获得巩固。新力量展示的规模如此充分，以至于引发并获得了关注，并导致个人价值的体现。这种习惯力量成为理所当然，下意识地发挥作用。违背习惯成为焦点，是“有意识”行为。协会的必要性和持续性反遭忽视。自愿归属的新模式占据了思想主流，并充斥人们的视线。个人主义是声明思想和目的核心的一种学说。

其他的想法也是类似的。随着新力量的释放，单独个人从大量旧习惯、规定和机构中解放出来。我们已经注意到新技术带来的新生产和交换方式是如何受到之前政权的规定和习俗的束缚的。后者的限制性和压制性让人无法忍受。由于它们束缚了主动性和商业活动的自由发挥，它们就是人为的、束缚性的。从其影响中解放的斗争被等同于个人解放本身；在斗争最激烈的时候，协会和机构全都被看作自由的敌人，除非它们是个人协商和自由选择的产物。实际上，很多并没有受到影响的各种形式的协会很容易被忽视，这是因为它们已经是理所当然的存在。实际上，任何打算触动它们——特别是既定形式的家庭协会以及财产法律机构——的行为从神圣意义上都被看作是破坏性的、放肆的，而非解放。用个人主义来证明民主政府很容易。民众的选举权意味着之前一直被压制的能力获得了释放，而且，至少从表面上来看，代表着根据个人意志塑造社会关系的力量获得了释放。

普遍公民权和多数人的统治引发人们想象出一幅画面，即个人无拘无束的主权塑造了国家。在支持者和反对者看来，它都代表着彻底摧毁既有协会，代之以独立个人的需求和意愿。联合机构性组织表面下控制着个人正式行为，它们产生的力量被忽视了。普通思维的本质是要领会外部世界，并把它看作事实。人们常听到的赞美是，“自由人”可以通过投票，根据个人意志选择他们想在其中生存的政治形式，这恰恰证明了这种把实际所见当作事物真实全貌的趋势。研究物理的自然科学已经成功改变了这种状况。在人类方面，它依然发挥着全面影响。

人民政府反对者并不比其支持者更有见识，不过，他们对个人主义结局，即社会的瓦解的假定设想更有逻辑性。众所周知，卡莱尔对认为社会仅由“金钱关系”结合在一起的理念进行了疯狂攻击。他认为，这将不可避免走向“无政府无警察”的境地。他认为，新的工业政权并没有形成正在消失的那种坚固的、更加广泛的社会关系——这种关系究竟是不是受欢迎的就是另一回事了。辉格党学者麦考利（Macaulay）声称，选举权拓展至全体民众必然会引发损人利己的冲动，他们会利用新获得的政治权利从中产阶级以及上层阶级巧取豪夺。他补充说，尽管人类文明的一部分被野蛮的一部分推翻的风险已经不存在了，但依然有可能的，是在文明的内部会孕育着能摧毁它的弊病。

顺便说一句，我们还涉及了其他学说，即认为经济力量的运行有某种固有的“自然性”，遵循“自然法则”，与政治机构的人为状态形成对比。认为个人先天拥有政治权力的学说在政治学中就是一个笑话，就像认为孤立的自然个体拥有充分意愿，有凭借个人意志拓展使用的能量，有现成的预见以及谨慎思考能力的想法对于心理学来说是一种虚构一样。大多数关于需求的说法都是自由主义学派提出的，不过对于他们来说，需求是有意识的，是已知的快乐目标指导下的刻意行为。需求和快乐都是公开的、光明正大的行为。这种思想似乎一直是公开的，没有隐秘之处，没有不可探寻的角落，没有任何秘密，其行动就像公平围棋比赛中的一招一式。它们是公开的，参赛选手没有作弊，参赛双方在众目睽睽之下轮流出招，下棋的所有规则都是提前知晓的。决定比赛结果的是计算和技巧或者迟钝和笨拙。思维是“有意识的”，意识是清楚、透明、揭示自我的媒介，需求、努力和目的通过它毫无歪曲地展现出来。

现在，获得广泛认可的是行为通常是在没有获得关注时进行的，只有比探索隐藏的关系时更加努力，才能发现这种行为。没有获得广泛认可的是，具体行为的根本生成条件既是社会性的，也是有机的：在展示不同需求、目的和操作方法时，社会性多于有机性。对于那些认同这一事实的人来说，很明显，“自然”经济进程和法则教条所采用的需求、目的和满意标准是社会性条件现象。它们是习俗和机构在单独个体上的反映；它们不是天然的，不是“天生的”有机习性。它们反映文明程度。更准确地说，工作进行的形式以及工业执行的形式是文化累计的结果，而不是人类自身构造的原始所有物。在工具出现之前，没有什么能被称作工业，可累积的财富更是少之又少，手工工具是缓慢传承的结果。工具发展成机械是工业时代的标志，这只有通过利用社会积累和传播的科技才能实现。使用工具和机械的技巧同样值得学习，这不是天赋，而是通过观察他人，通过指导和沟通获得的。

这些语言与其所表达的伟大事实相比，显得那么可怜而苍白。天生需求当然是有的，例如食物、保护和配偶。内在机制确保这些外在目标获得满足。但是唯有工业可以改善凭运气搜集可食用的植物和动物，维持不安定的生计的状态：根据蛮荒条件生成最低程度的野蛮人状态。严格来说，连这种贫乏状态改善也是无法实现。因为，即使这种原始政权所赖以生存的无助初期现象也需要共同行为的协助，包括最有价值的协助形式：从他人处学习。如果没有火、武器和编织物会是怎样呢？这些都与交流和传承有关。“自然”经济的创造者所提出的工业体制所假定的需求、工具、材料、目的、技术和能力以各种各样的方式依赖着共同行为。因此，就这个学说创造者使用了“人为”一词，说明这些事务都是极其人工的。他们真正想要的是习俗和机构的改变。参与了推动新工业和新商业的人的行为结果是产生了一套新的习俗和机构。后者在共同生活模式的广泛性和持久性上与它们取代的模式一样，在范围和强度上则要更强。

这一事实运用至政治理论和实践产生的成果是很明显的。

需求和目的不仅决定了共同生活职能，还重新决定了生活的形式和性质。雅典人不买星期日报，不投资股票和债券，也不想要汽车。我们现在的人多半也不想要美丽的身体和建筑环境的美感。我们多半对化妆品的效果以及丑陋的贫民窟满意，常常还包括丑陋的豪华住宅。我们并不“天生”或有机地需要它们，但是我们想要它们。即使我们不直接提出要求的话，我们依然会通过实际行动提出要求。因为它们是我们投入心力的事物的必要结果。换句话说，一个社区需要（就是最明白的意思——实际需要）的，不是教育就是无知，不是优美的环境就是污秽的环境，不是轨道火车就是牛车，不是股票和债券、金钱利益就是建筑艺术，这取决于习惯性将这些事物提供给他们、尊重他们并提供实现手段的协同活动。但事实并非这么简单。

为实现某种目标、满足某种需求的协同行动不仅仅可实现这些目标，还能创造习俗和机构。没有想到的非直接后果通常比直接后果更加重要。认为新工业体制会带来公平是一种谬误，多半是有意识有针对性预测的结果；认为需求和努力是“自然”人类特有功能也是一种谬误，两者不相上下。它们起源于制度化行为，并导致制度化行为。工业革命的结果以及参与其中的人的自觉意愿之间存在重大差异，它是超出预期，远远超出人们想象的。其结果是广泛且不可见的纽带获得了发展，即那些“大型的没有人情味的关系、组织”，这种组织现在普遍影响了每一个人的思维、意愿和行为，并开创了“人类关系的新时代”。

人们同样未曾想过的是大量组织和复杂相互作用对国家的影响。理论提出的独立自我的个人被标准化的可交换的单元所取代。人们集合在一起，不是因为他们自愿选择通过这种形式集合，而是因为巨大的洪流将人们结合到一起。地图上的绿线和红线标出了政治范围，影响了法院法律和裁决，但是铁路、通信和电话线无视它们。与边境线相比，后者更深刻地影响了生活在本地合法单位中的人。作为当前经济秩序特征的协同行动形式如此巨大且范围广泛，决定了最重要的公众构成以及权力的所在。他们不可避免地要试图掌控政府机构，他们是立法机构和行政机构的关键因素。个人有计划的主观利益尽管发挥了重要作用，但并非主要原因，主要原因是他们是最有能力、组织最好的社会力量。简而言之，因现代经济体制而形成的新型共同行为控制着现代政治，就像王朝利益控制着两个世纪之前的政治。它们对思维和意愿的影响比之前改变了国家形态的利益更大。

我们的说法似乎表明对旧法律和政治机构的取代几乎已经完成。这是一种夸大。某些最根本的传统和习俗几乎完全未受影响。提到财产机构就足以说明问题。“自然”经济哲学天真地忽视了财产的法律地位对工业和商业的影响，忽视了确定财富和财产法律形式的方式，现在看来这几乎是让人不可思议的。不过简单的事实是，技术工业并没有带来更高程度的自由。它在每一个阶段都受到了局限和偏移，从来没有按自身进程前进。工程师服务于商业经理人，经理人主要关心的不是社会财富，而是封建半封建时期就出现的个人财产利益。因此，个人主义哲学家真正预测的，是他们完全没有打算预测的一点，即他们单纯惯于使用的一点：那就是他们声称政府的主要职责是保障财产利益安全。

现在对技术工业的指责主要集中于坚持继承了前工业时代的法律机构。不过，把这个问题完全等同于私人财产问题令人迷惑。私人财产有社会职能，这是可以理解的。即使现在它也有很大程度的社会职能。若非如此，它连一天都撑不下去。其社会功用的范围让我们盲目，看不到它目前工作中的大量重大社会无用性，或者至少与我们和解了，允许它继续存在。真正的问题或者至少需要首先解决的问题涉及私人财产机构行使法律和政治职能的前提条件。

因此，我们得出了结论。有一种力量形成了民主政府、普遍选举权、大多数选票选择行政和立法人员的形式，这种力量也阻碍了社会和人类理想的实现，这种理想要求政府真正具备包容性、兄弟般协作机构的功能。没有什么政治机构称得上“新时代的人类关系”。民主公众很大程度上依然是未充分发展的，无组织的。

第四章

公众的消失

现在，民主的乐观主义也受到了怀疑。我们都已熟悉了指责和批评，不过它们暴躁和不加区别的语气泄露了它们的情感来源。其中很多批评犯了之前赞美所犯的错误。它们认为民主是一种想法的产物，拥有单一的一致目的。卡莱尔（Carlyle）不是民主的仰慕者，不过在某个清醒的时刻，他说："印刷媒体和民主的创造是不可避免的。"要补充的是：按常理来说，铁路、电话、大规模制造、人口集中在城市中心、某种形式的民主政府的创造也是不可避免的。当前存在的政治民主需要大量对立的批评。不过批评除非意识到人民政府产生的条件，否则只能算是发牢骚、坏脾气和优越感。所有聪明的政治批评都是相对的。它应对的不是全或无的局面，而是实际选择；专制的不分青红皂白的态度，不论是赞扬或是指责，都只能证明感情的热度，而不是思想的状态。

美国民主政治发源于真正的共同体生活，也就是地方性小规模协作，工业主要是农业，生产主要来自于手工工具。当英国政治习惯和法律机构在县区条件下开始发挥作用时，美国民主政治才开始成型。协会的形式是稳定的，尽管其单位是可移动的。拓荒条件非常重视个人工作、技能、才干、主动性和适应性以及邻里社交性。城镇或某些不太大的区域是政治单位，城镇会议是政治媒介，道路、学校和社区和平是政治目标。国家有一批这种单位，民族国家是一个联邦，除非偶然形成国家邦联。创始人的想象力并没有太脱离自治社区集合体能实现和理解的范畴。选择联邦首脑的机制就反映了这一点。选举人团认为公民会选择当地德高望重的人；这些被选出来的会聚在一起相互磋商，任命他们所知道的正直、有公德心且有学问的人。这个计划迅速停止使用，证明之前预测的事态是昙花一现的。最开始时，人们没有想到总统候选人的名字对于广大选民来说是未知的，没有想到他们会从一个或多或少私密的预选会议给出的“选票”中进行选择，没有想到总统选举团会是非人格的宣传机器，而这样做是对最初设想的作为事务本质的个人判断的背叛行为。

我们的体系很好地说明了我们机构形成的当地条件，公共教育杂乱无章。任何一个想要把它解释给欧洲人的人都能理解这是什么意思。举例来说，一个人被问到我们遵循什么样的治理手段和学习进程，我们经过认可的教育方法是什么，参与这个对话的美国人可能会这样回答，在这个州，或者这个县，或镇，或甚至镇上被称作区的一个地区，情况是如此这般的，而另一个地方的情况是如此那般的。外国人可能会认为这个人是试图掩盖自己的无知，要全面说明这个问题，的确需要真正广博的知识。进行恰当的概括性回答是不可能的，几乎必须要用历史性叙述才能说明白。一个小小的殖民地，其成员多半之前就彼此相识，定居在基本可称作荒地的地方。他们希望自己的孩子至少知道如何读、写、算，因为相信其好处，也是出于传统，主要还是由于宗教原因。很少有家庭能负担得起家庭教师，一个特定地区的邻居组成了“学区”，在新英格兰，这种地区比镇子还要小。他们建一座学校，可能还是自己出力建的，通过委员会雇一位老师，从税收中给老师发工资。习俗决定了有限的学习科目，传统决定了老师的教学方法，并受到老师个人见识和技术的影响。荒野渐渐消失，高速公路网以及后来的铁路将之前散落的社区联合起来。大城市出现，学习科目更多，教学方法受到更仔细的审查。更大的单位州而不是联邦国家提供学校培训教师，他们的资质受到更仔细的检查和测试。但是受制于州立法机构而非民族国家设立的普遍标准，地方维持和控制依然井然有序。共同体模式更复杂，但是并没有被摧毁。这种情况对我们借鉴英国并进行重塑和推进的政治机构事态非常具有启发性。

简而言之，我们继承了地方城镇会议的做法和理念。但是我们是一个大陆性民族国家，生存生活在其中。将我们连接起来的，是非政治性纽带，政治模式进行了拓展，法律机构以即兴的方式修补，以发挥必要作用。政治机构修补了非政治性工业潮流流动的渠道。铁路、旅行和交通、商业、通信、电报和电话、报纸创造了足够类似的想法和情感，全国得以成为整体，因为这些条件创造了相互作用和相互依赖。前所未有的情况是，作为与军事帝国截然不同的形式，国家能在如此广泛的范围存在。在美国这样一个范围如此广阔、人口如此之多、人口种族如此多样化的国家维持统一，即使是名义上的自治国家，这个想法在以前都似乎是最疯狂的幻想。人们之前认为，这样的国家只能在不大于城市国家的国家实现，且其人口还需要是单一的。真正的国家其人数不能大于人们可以彼此相识的数量，对于柏拉图[1]以及之后的卢梭[2]来说，这似乎是不言而喻的。我们当代国家联合体是科技发展的产物，使用科技利于观

1 在《法律篇》第 5 本中，柏拉图经典地将维持城市各种社会、经济和政治职能的家庭数定为 5040 个。——译者注

2 在《社会契约论》中，卢梭认为需要维持较小的人口和领土，确保全部公民能定期会面商讨政治事务。卢梭认为，小国家利于增加政治友谊和热爱国家。另外，小国家还避免了代议制体系，但这一体系对现代民主来说已经日益重要。——译者注

点和信息迅速方便的集合，从而产生远超过面对面社区范围的直接复杂的相互作用。政治和法律形式是零碎不连贯的，在适应工业转化时有很强的滞后性。距离消失的基础是有形机构，有形机构使新型政治联合出现。

考虑到产生这种成就的不利条件，就更让人感到惊讶。涌入美国的移民潮人数如此之多如此多样化，在以前的条件下，任何类似统一都毫无疑问会受到破坏，就像外来迁徙游牧部落之前曾扰乱欧洲大陆的平静一样。这种实际发生的事情无法靠刻意采取的措施实现。机械力量发挥了作用，所以，如果结果更加机械化而非人性化的话，人们不应该意外。大量接收不同成分的新人口元素，且这些人通常在祖国是互相仇视的，发挥影响力让这些人对外表现出团结，这是非常了不起的成就。从许多方面来说，合并发生得太快太彻底了，不同人种可能贡献的价值都丢失了。政治联合也促进了社会和思想统一，这是平庸之才最喜欢的标准化。观念以及公开表现也受到了严格管制。拓荒者的性情和喜好异常迅速地蒸发不见了，正如人们常常指出的，其沉淀物只存在于在狂野西部的浪漫小说和电影中。白芝浩所说的习俗结块加速形成，这些结块常常是单调乏味的。规模生产并不仅限于工厂。

如果人民政府早期的批评者和早期支持者的期待从天堂俯瞰现在的情况的话，他们会发现，政治融合既挫败了早期批评者的期待，也让早期支持者意外。批评者预期会出现瓦解和不稳定。他们预期新社会将四分五裂，分解成相互排斥的充满活力的沙粒。他们也真的认为“个人主义”是民主政府的基础。他们认为，确保社会稳定的唯一方式是社会层化成古老的等级，每个人在其中根据固定位置行使既定职责。他们不相信脱离这个体系压力的人能组成任何形式的统一。因此他们预言会出现政府体制的不断变迁，个人形成派别，取得权力，然后某个更强大的新临时派别出现，之前派别失势。如果局限于个人主义理论的话，他们毫无疑问是正确的。不过，与这种理论的创始者一样，他们忽视了形成联合的技术力量。

尽管已经实现了联合，甚至更可能因为公众本质特性，公众似乎消失了；这当然令人迷惑。[1]政府、官员及其行动对我们来说是明明白白的。立法者制定法律无拘无束；附属的官员执行某些法律注定要失败；法官尽全力处理堆积在面前的与日俱增的争端。但是这些官员理应代表的公众在哪里？他们与地理名词和官方头衔的不同之处在哪里？美国、俄亥俄州或纽约，某某县以及某某市？一个愤世嫉俗的外交官曾称意大利为

1 参见沃尔特·李普曼的《幽灵公众》。我承认，我受到这部作品和他的《公众舆论》的启发，不仅在这个观点上，还包括我讨论的整个理念，即使产生的结论与他的不同。

“地理名词”，公众是不是比这个说法更好？哲学家曾把某种物质称为品质及特质，以便该物质能有某些固有特性，从而获得其表面上缺乏的概念上的稳固性和持续性，从中可知，我们的政治“常识”哲学提到公众，只是为了支持并证明官员的行为。我们绝望地问道，如果没有公众，后者如何称之为官员呢？如果公众存在的话，它肯定对自身的所在不确定，正如休谟（Hume）以来的哲学家不确定自我的存在和构成一样。大量使用自身庄严权利的选民持续将权利成比例失去给可能使用权利的人。符合资格选民参与投票的比率现在只有一半。尽管有狂热的请求以及有组织行动，但让选民意识到自身特权和职责的努力迄今为止是失败的。少数人鼓吹所有政治的无能；大多数人采取非直接行动，冷漠地缺席。人们公开表达对选举作用的质疑，不仅通过学者的理论，还通过缺乏文化素养的大众的话语：“我是否投票又有什么区别呢？情况还是一样。我的选票什么也改变不了。”那些更有思想的人补充说：“这不过是执政党和在野党之间的竞争。选举带来的唯一区别是谁获得这份工作，拿工资并加官进爵。”

那些更倾向于概括的人声称，整个政治活动机构都是一种保护色，目的是掩盖大企业总是统治政府机构这一事实。如今的秩序就是商业，要想阻止或扭转这一进程就像帕丁顿太太试图用扫帚扫走海浪一样徒劳。对于实际上持经济决定论观点的人来说，如果把经济决定论的学说有理有据地解释给他们，大多数人会表示震惊。能接受这种学说的也不仅限于激进社会主义者。它隐含在大企业成员和具有金融利益的人的态度中，后者指责前者为有害的布尔什维克主义者。因为他们坚定地认为“繁荣”——一个已经蒙上了宗教色彩的词语——是国家最大的需求，他们是其创造者和守卫者，因此他们理应是政体的决定者。他们谴责社会主义者的“唯物主义”，主要基于的事实是，社会主义者希望对物质力量和福利重新进行分配，而不是维持让目前占有者满意的状态。

名义上，政府是公众机构，公众不健全表现在额外出现的法律机构上。中介组织是最接近政治行为方式的组织。将18世纪英国帮派文学与各党派实际占据的地位比较是很有趣的。所有思想家都谴责派系主义是政治稳定的主要敌人。这种谴责的声音在美国19世纪早期政治作家的作品中得到了回响。政党名义下强大统一的派系现在不仅是理所当然的事，而且大众也想不出选择官员并进行政府事务的其他方式。集中化运动已经到了一定程度，第三政党的存在只能是间歇且不确定的。个人不是通过私人意愿做出选择并根据自身意志生效，公民有神圣选择权，通过一张选票选择一个基本上不认识的人，此人是由秘密党团会议机器推举给他们的，党团会议的决策构成了某种政治预定论。有些人宣称在两张选票中选一个是高度行使了个人自由。但是这并不是个人主义学说创立者所想象的那种自由。“自然界痛恨真空”。当公众像今天一样不确定且不引人注目，从而距离政府很遥远，政治首脑会带着其政治机器填补政府和公众之间的真空。谁在背后操纵政治首脑行为并产生运行机器的力量更多的是猜测而不是记录，除了偶尔公开的丑闻之外。

不过，除了声称“大财团”设定基调并在背后操纵政治首脑的行动之外，各党派的确不是当前任何大规模政策的创造者。因为政党忙于制定零碎的调节社会趋势的政策，毫不考虑专业原则。这些文字写下后，一份周刊评论称：“自从美国内战结束后，联邦法律中包含的所有重要措施几乎都是在没有大选时达成的，大选会批评这些政策，并在两党之间产生分歧。”行政部门改革、铁路管理、受欢迎的参议员选举、全国收入税、女性选举权以及禁酒令都能证明这一说法。因此另外的说法似乎也很合理：“美国党派政治似乎时常会成为一种手段，阻止激发大众情感及引起激烈争论的问题出现在美国人民面前。”

一个反面证据是《童工法修正案》。国会管理童工的需求被最高法院的判决所否决，而在所有政党平台上获得维护，执政党最新三任总统批准了该理念。不过，迄今为止，宪法修正提案还没有获得必要的支持。政党可以统治，但不治理。公众如此困惑且黯然失色，甚至无法使用本应调解政治行为和政治组织的机构。

被选代表对选民负有责任理论的破灭也给了我们同样的教训，更不用说他们在个人私人判断之前所声称的责任了。有提示意义的是，最满足这一理论条款的是“政治拨款”类型法律。代表若未能满足当地需求需要负责任，因坚持而成功实现了其意愿的话会受到奖励。但是这一理论几乎很少在重要事务中获得证明，尽管有时候能发挥作用。不过这种例子太少了，有经验的政治观察家都能点名数出来。对选民缺乏个人责任感的原因很明显，后者是由松散的组织构成的。他们的政治理念和信仰在选举期间基本上是暂停的。即使是在选举兴奋期，通过人为加速，他们的观点也是受群体趋势集体影响的，而不是由独立个人判断决定。一般来说，决定参选人命运的不是他在政治上是否优秀，也不是他的政治缺陷。潮流支持或反对执政党，个人随着这股潮流随波逐流。有时会存在普遍情感共识，支持“进步立法”的确定趋势或“回归正常”的渴望。但是即使那样，也只有最出色的候选人能因对选民的个人责任而获得认可。“浪潮”会淹没某些人，“山崩”（即压倒性胜利）会让其他人进入政府。其他时候，习惯、党内资金、竞选机器管理者的技巧、一副竞选人有坚定下巴的画像、他讨人喜欢的妻子和孩子以及大量其他无关紧要的事务决定这个问题。

说出这些零散的评论，并不是认为它们能传递什么新颖的事实。这些事务是人们熟悉的，是政治场景中的司空见惯的东西。任何对政治场景细心的观察者都能无限讲下去。值得注意的是，司空见惯中蕴含着漠不关心。漠不关心是无动于衷的证据，无动于衷证明公众太迷惑了，迷失了自我。这些评论并不是为了要得出结论。提出它们只是为了列出问题：公众是什么？如果存在公众，阻拦它意识到自己并表达自己的障碍是什么？公众是虚构的吗？它是不是只有在显著社会转变的时期才出现，比如关键选择性问题出现时，再比如集体与既定机构进行对话或推动新趋势时？抑或在对已经让人感到专制且压制的王朝统治做出回应时？或将社会权力从农民阶级转交给工人阶级时？

现在的问题难道不是确保专家管理行政事务而不是制定政策？有人可能坚持认为现在的迷惑和漠不关心是由于社会真正的能量被管理事务的有经验的专家引导至完全非政治性的事务上了，执行政治的机制和理念是在与过去完全不同的局势下形成的。没有什么特定的公众关心寻找专业的校长、有能力的医生或企业管理人。没有公众会干预指导医生的治疗技术，或干预商人的销售技术。我们这个时代特有的这些职业和其他职业的行为由科学和伪科学决定。人们可能会辩论称，当前重要的政府事务从技术上来讲也很复杂，需要由专家恰当管理。如果现在人们没有受到教育，意识到寻找专家的重要性，并把政府托付给他们，就可以合理地声称主要障碍在于人们的迷信信仰，认为存在关心普遍社会政策的形成和执行的公众。也许选民的漠不关心是因为他们打算用无关痛痒的人为事件引发虚假的兴奋。或许这种人为性源于过去时代政治信仰和机制的参与，那时科技非常不成熟，无法用明确的技术解决明确的社会问题，满足特定社会需求。人们以前曾试图立法确定有关创世纪的原始希伯来人传说比科学调查的结果更具权威性，这个典型的例子反映了当出于政治目的组织起来的公众而非有特殊调查指导的专家来充当最终仲裁者时，注定会发生什么。

人们或许会说，现在人们最关注的事务是环境卫生、公共卫生、健康适当的居所、交通、城市规划、移民管理和分布、人事选举和管理、称职教师教育和准备的合适方式、科学调整税收、高效管理资金等等。这些都是技术问题，就像生产用于牵引和移动的高效发动机。与它一样，只有对事实的调查才能解决问题，由于调查只能由有特殊技能的人进行，调查的结果也只能由受过培训的技术员应用。数人头、少数服从多数以及传统政府的整套机构怎么能做到这一点呢？出于这些考虑，公众及其出于政治目的组建的组织不仅是一个幽灵，还是一个会说话会走路，能够以灾难性方式掩盖、迷惑以及误导政府行为的幽灵。

这种看法尽管与政府活动有关，但我个人远远不认为它涵盖了整个政治领域。他们忽视了技巧性和特殊行为发挥作用前需要构成及解决的力量。但是它们有助于带来确定性，并指向了根本性问题：在目前的情况下，公众到底是什么？它消失的原因是什么？阻挠它寻找并确定自己的障碍是什么？它不成形且无组织的状态如何才能组织成有效政治行为，切中当前的社会需求和机会？自从民主政治理论被这种保证和希望推行一个半世纪以来，公众经历了什么？

之前的讨论发现了公众产生的某些条件。它还提出了“人类关系新时代”出现的某些原因。这两个论点构成了前提，两者互相关联，就能为我们刚刚提出的问题提供解答。相互作用的共同行为的广泛、持续和严肃后果使公众出现，且公众对控制这些后果拥有共同利益。不过，机器时代大大扩张、增加和加剧了间接结果的范围并使其复杂化，形成了以非个人非共同体为基础的庞大而巩固的工会，因此，从而产生的公众无法确定及区别自己。这一发现显然是所有有效组织的先决条件。这是我们关于公众理念和利益为何消失的论点。现有资源所需要应对的公众和公众利益太多了。民主形式的公众问题在本质上首先是思想问题，之前时代的政治问题在程度上与它无法比拟。

我们这次的重点是，发展出了“大社会”的机器时代是如何入侵并部分瓦解了之前时代的小共同体，却没有产生“大共同体”的。事实足够熟悉，我们的特殊任务是找出它们与民主公众组织所经历的困难之间的联系。因为这些现象太熟悉了，掩盖了其重要性，让我们忽视了它们与眼前政治问题的关系。

第一次世界大战的范围为讨论的问题提供了迫切而又恰当的出发点。战争的范围是前所未有的，因为其中牵涉的条件是空前的。17 世纪的王朝战争也有同样的名称：我们统一称之为“战争”。使用同一个名称很容易让我们忽视其意义的区别。我们认为，所有的战争都差不多，只不过刚刚过去的这个比其他任何一个都更可怕。殖民地被卷入：自治政府自愿加入；财产被征收来支援军队；与遥远的国家形成联盟，尽管存在种族和文化差异，就像英国、日本、德国和土耳其一样。不夸张地说，世界上每一个大陆都牵涉其中。间接影响像直接影响一样广泛。动员和巩固的，不仅仅是士兵，还有金融、工业和舆论。世界历史上有一个关键的新纪元，那时罗马帝国把地中海沿海的土地和人民都集结到自己麾下。一战无疑证明了地区性事件现在成为全球性事件，只不过没有全面政治组织涵盖多个分裂而又相互依赖的国家。任何人只要些许想象一下这个场景，就能再次确认“大社会”的意义：它存在，但不是一个整体。

相对少数人共同行为广泛、持续、复杂以及严重的非直接后果遍布全球。石头投向池塘、九柱戏中的排成一排的柱子、燎原的星星之火等比喻都不足以形容现实情况。战争的传播就像失去控制的自然灾害。封闭、名义上独立的民族国家人民的团结在全球也有体现，他们的行为影响全世界其他国家的组织和个人。这种联系和关系将一个地方的能量传递到地球所有地方，这种传递是无形的、不可见的；它们不像有政治界限的国家一样显现。但是战争证明它们是真实的，证明它们不是有组织的，也缺乏管理。这意味着现有政治和法律形式以及约定不足以应对这种局势。因为后者是现有政治国家体制以及不适应政治形式的非政治力量的联合产物。我们不能期待疾病的成因结合起来能有效治愈它们产生的疾病。需要由非政治力量组织起来改变现有政治结构：即分裂混乱的公众一体化。

总之，非政治力量是科技时代的体现，它注入继承而来的政治体制，旨在调整并改变其正常运行。工业和商业关系创造的局势既体现在小事情上，也体现在大事情上，战争也是其表现。它们不仅体现在争夺原材料和遥远市场上，也体现在令人震惊的国家债务上，同时也体现在地方性及不重要的现象上。远离故土的游客发现，即使在当时没有发生战争的国家，也无法兑现他们的信用证。一方面，股市关闭，另一方面，奸商大发其财。我们可以引用一个来自于国内事务的例子。战争发生以来，农民的困境成为国内政治问题。对食物和其他农产品的需求大大增加，价格上涨。除了这种经济刺激之外，农民常常受到增加农作物产量的政治劝告。随之而来的是通货膨胀和暂时繁荣。战争结束了。贫困国家对食物的购买力甚至赶不上战前标准。税收大大增加。货币贬值，全球黄金供给集中于此。战争激励和国家鼓励的产物堆满了工厂和商人的库存。工资以及农业器具价格上涨。通货紧缩到来时，市场受到限制，生产成本增加，农民担负着狂热扩张时期轻率背上的房屋按揭贷款。

提到这个例子，并不是因为它与其他发生的后果相比，特别是与欧洲的后果相比特别重要。与它们相比，与所谓落后国家在战争后出现的民族意识觉醒相比，它相对来说没那么重要。不过它显示了错综复杂相互依赖的经济关系会产生分化的结果，显示了我们对此的预测和管理少之又少。农民阶层在采取行动时，对他们参与其中的基本关系的后果几乎一无所知。他们可以做出短暂临时回应，但是无法有控制地适应事件进程，从而管理个人事务。他们成为势不可挡的行为倒霉的对象，他们对这种行为不了解，束手无策，就像对变化无常的天气一样无能为力。

不能因为这一例子是基于战争这种反常状态而加以反驳。战争本身是社会不完整状态的正常表现。地方面对面的共同体被那么广阔遥远、范围那么深远、间接操作那么复杂的力量入侵，从当地社会单位的角度来看，这种力量基本是陌生的。正如人们常说的，无论有没有同伴，人类和睦相处都是很难的，即使是在邻里之间。人类并不因同伴在很远的地方几乎不可见地活动而变得更好相处。只有在意识到非直接后果的情况下，早期才能组织起来，并有可能规划出管理它们的机构。现在，很多后果是感受到的，而非意识到的；人们遭遇了它们，但是不能说它们已为人所知，因为经历它们的人并没有查找它们的起源。不言而喻，建立机构并不是为了引导社会行为潮流，也不是为了管理它们。因此，公众是无组织、不善于表达的。

曾经有一度，人类可能会抱有少量普遍政治原则，并自信地将其付诸实践。某位公民会相信国家或集权化联邦政府的权力，相信自由贸易或保护主义。无须太费脑筋就可想象到，通过向人群中推出一个或另一个政党，公民就会表达自己的意愿，他的信念会得到政府重视。对于今天的普通选民来说，税收复杂混乱，有无数细节，有无数种税率表和从价税，很多他连名字都不知道，也就无法做出判断。或许一千个选民中也不会有一个人曾经读过计算税率的大量篇章，即使读了，也不会变得更明智。普通人认为这是白费力气，从而放弃了。在选举期间，呼喊一些陈旧的口号或许会刺激他暂时认为他对某个重要议题有明确看法，但是除非他是对这个或那个计划有利益可言的制造商或商人，这种信念是缺乏质量的，并没有与和个人有关的事情联系起来。工业过于错综复杂了。

另外，选民可能由于个人喜好或继承而来的信念倾向于夸大地方政府的作用范围，猛烈抨击集权的罪恶。不过，他相当确信烈酒运输的社会危害。他发现，他所在的镇、县或国家的禁酒令由于外界酒品的输入而变得无效，这种输入因现代化的运输手段而变得轻而易举。因此，他变成了拥护者，支持全国性修正案，给予中央政府管理酒精饮品生产和销售的权力。这必然随之带来了联邦官员和联邦权力的扩张。因此，作为国家权力学说传统基地的南方是国家禁酒令和禁酒法案的主要支持者。很难说有多少选民想过他们声称的普遍原则与他们对待酒类问题的特殊立场有什么联系：很可能没有太多人想过。另一方面，毕生的汉密尔顿主义者，宣扬排他主义地方自治风险的人是反对禁酒令的。因此，他们专门针对杰弗逊主义发展出了一套说法。嘲笑他们前后矛盾尽管容易，却没有什么意义。由于工业时代的因素，社会条件改变太大了，传统普遍原则没有什么实际意义。它们始终是情感呼唤，而不是理性观念。

同样的矛盾也存在于铁路的管理。反对强大联邦政府的人发现，作为农民或承运人，费用太高了；他还发现铁路并不怎么在意州与州之间的边界，地方性的边界成为巨大系统的一部分，州法律和州政府对实现他的意图是无效的。他提倡国家性管理。而另一方面，作为股票和债券的投资人，中央政府权力的狂热支持者发现他的收入有可能因联邦行为而受到不利影响，因此迅速反对国家援助这种令人伤脑筋的倾向，现在在他的眼中，这成了愚蠢的家长式统治。工业和商业的发展让事务变得异常复杂，清晰的、普遍适用的判断标准基本变得不可能。不能只见树木不见森林，也不能只见森林不见树木。

学说的实际进程改变了，也就是说，其应用的后果改变了，一个突出的例子反映在个人主义学说的历史上，该学说表示政府对工业和商业的“干预”最小化。最初，持这种理念的是“进步分子”，就是那些抗议继承而来的法治和政府体制的人。反之，既定利益者基本支持旧状态。如今工业财产体制已经建立起来了，这种学说成为顽固保守分子和反动分子的思想屏障。他现在希望不受干扰，喊出了私人工业、节俭、合同及其金钱成果自由的政治口号。在美国，“自由”作为党派的名称依然用于命名政治上的激进分子。在大多数其他国家，“自由”党代表的是已确立的既定商业和金融利益，反对政府管理。历史的讽刺极为明显地体现在“自由主义”的实际含义不顾理论的实际连续性而逆转上了。

政治冷漠是实际做法和传统机制之间不协调的自然产物，源自于个人无法用明确问题确定自己。在当前极为复杂的状态下，自我是非常难以寻找并定位的。当传统政治口号失去了与其一致的实际政策输入时，随时会被当作空话而摒弃。依然到投票站投票的 50% 人中，有一大部分是因为习惯和传统以及履行公民职责的模糊信仰，而不是因为理性信念。在他们中间，普遍现象是大部分投票是为了反对某事或某人，而不是为了支持某事或某人，除非强权机构制造某种恐慌。古老的原则不适用于当代生活，尽管它们可能很好表达了它们兴起时代的重要利益。成千上万人能感受到空虚，尽管他们无法清楚表明自己的感受。社会活动的规模和分支引起了迷惑，让人们对政治行为的功效产生了怀疑。谁能胜任这些事情？人们觉得自己陷入了大量无法理解或掌握的力量之中。觉得自己陷入了停顿，行为瘫痪了。即使专家也发现很难追踪“原因和结果”的链条，甚至专家也只能事后采取行动，进行追溯，与此同时，社会活动已经继续向前影响新事物。

同样的思考解释了民主政治行为机制的贬值以及对专业行政人员需求的增加。举例来说，战争的一个副产品是政府在马斯尔·肖尔斯（Muscle Shoals）投资生产氮，这种化学产品对农民非常重要，对战场上的军队也非常重要。对该工厂的处置和使用引发了政治争论。其中涉及科学、农业、工业和金融等问题，都是高度专门性的问题。有多少选民有能力评估所有的因素，从而做出决定？如果有人在进行研究之后可获得能力，又有多少人有时间做这件事呢？没错，这个问题并没有直接向选民提出，但是这个问题的专业难度反映在专门处理该问题的议员的困惑无力上。这种困惑的局面由于发明了其他更便宜的制造硝酸盐的方法而进一步复杂化。另外，水力发电和超级能量的发展也引起了公众关注。从长期来看，很少有问题能超过此事的重要性。除了在其中有直接利益的企业集团和一些工程师，有多少公民可以获得数据和能力来评估解决相关问题？另一个例子：与地方性公众密切相关的两件事是有轨电车交通以及食品的销售。不过地方政府历史证明，在大多数情况下，密切利益被激发之后，随之而来的是一段漠不关心的时期。广大人民会意识到后果。但是由于城市居民数量巨大、异质性和流动性，所需的巨大资金以及相关工程问题需要的专业性，普通选民很快厌烦，不再关注。我认为这三个例子非常典型。这些问题呈现在公众面前的分支太广泛，太复杂，其中涉及的技术问题太专业，细节太多变化太大，公众没有办法长时间参与掌控。并不是说没有公众，或没有对社会事务结果存在共同利益的一大批人。公众太多了，过于分散且复杂，无法组合在一起。公众种类太多了，能产生间接、严肃以及持久后果的共同行为数不胜数，无法比较，它们彼此交叉，产生自己的一批成员，但是很少有组织能够将这些不同的公众组合起来形成相互协调的整体。

如果不谈一谈众多有着实际政治利益的竞争者的话，这个描述是不完整的。政治问题当然总是存在强有力对手的。大多数情况下，人们总是全心投入到眼前的工作和行动上。“面包和马戏”转移人们对公众事务注意力的能力是老生常谈了。

不过现在，工业条件使多种公众利益扩大并复杂化，同时也让其对手增加并加强。在以前政治生活进行得成功的国家，有一个阶级被特别划分出来，可以说他们把政治事务作为了专业。亚里士多德想不出哪个公民共同体有能力进行包括他人在内的政治，除非他们有闲，也就是说，没有其他需要全身心投入的事务，特别是无须为生计奔波。直到最近的政治生活都支持他的看法。那些积极参与政治的是“绅士”，那些长期持有足够财产和金钱的人，进一步追求财富对他们来说是粗俗的，下等的。如今，工业潮流的范围非常广泛，力量非常大，有闲的人通常是懒惰的人。人们有自己的业务需要处理，而“业务”有其自身精确的专门含义。因此政治倾向于成为另一项“业务”：政治首脑及机构管理人尤为关心的事。

娱乐数量、种类和廉价性的增加大大分散了公众对政治事务的关注。未成型的公众成员有太多娱乐方式，以及太多的工作，他们不太关心组织成为有效公众。人类是消费性、运动性的动物，也是政治性的。值得注意的是，娱乐的手段比以往任何时候都容易且便宜。目前的“繁荣”时代可能无法持续。但是它所代表的电影、无线电、廉价读物以及汽车将保留下来。它们并不是刻意为了转移人们对政治的兴趣而产生的，但是这并不能减轻它在这方面的效果。人类构成中的政治因素，也就是有关公民权的方面，被挤到一边了。在大部分圈子里，持续谈论政治主题都很难，即便提起这个话题，也会迅速随着一声哈欠被放弃。如果提起机械和汽车的各种成就，或者某个女演员的优点，对话就能活跃地进行下去。需要记得的是，廉价多样化的娱乐是机械时代的产物，并由于提供了愉悦打发时间的方式成为最赚钱的职业之一，这种商业传统进一步强化。

科技时代对自然资源的控制是前所未有的，之前提到的这个时代进展的一个阶段需要充分注意。以前的公众是当地共同体，它们彼此之前是同质的，随着时期的改变，基本保持静态。它们当然也会改变，但是除非发生战争、灾难和大规模迁徙，否则改变是逐步发生的。改变的进展很缓慢，经历的人基本意识不到。新力量创造了波动异变的联合形式。对家庭生活瓦解的抱怨可以作为证据。由农村向城市集中的运动也可被看作这种流动性的结果和证明。没有什么是保持长期不变的，甚至商业和工业运行的协会也不是。行动和速度的狂热是社会生活不稳定的症状，同时又强化了使其产生的原因。钢铁取代木头和砖石成为建筑材料；钢筋混凝土又加固了钢铁，其他发明会带来进一步革新。马斯尔·肖尔斯那个地方被用于生产氮，而其他新方法使大量积聚水能的需求变得过时。任何挑选出的例子说服力都不够，因为可选的例子太多了。我们可能会问，如果公众不待在恰当的位置的话，怎么才能组织起来呢？只有深刻问题或可以表现得深刻的问题才能在不稳定的多变关系中找到共同特性。依恋是与喜爱截然不同的生活职能。只要心脏还跳动，喜爱就会存在。但是依恋需要的不仅仅是机体原因。激发并加强喜爱的那些东西恰巧会破坏依恋。因为这些东西产生于安宁稳定中；它们受到持续关系的滋养。流动性的加剧会从根本上扰乱它们。如果没有持久依恋，共同体太容易改变，太不稳定，公众无法轻易定位及确定自己。

我们所生存的人类关系新时代的标志是针对遥远市场的大规模生产、电报和电话、廉价印刷、铁路和汽轮航行。哥伦布只在地缘政治上发现了新大陆。真正的新大陆产生于过去一百年。蒸汽和电力对人类结合的条件改变之大，远远超过之前时代影响人类关系的所有事物的总和。有些人将我们生活中所有的罪恶都归咎于蒸汽、电力和机械。让恶魔或救世主承受人类的所有责任总是很容易的。实际上，问题反而来自于拥有或缺乏与科技因素相联系的看法。思想和道德信仰及典范比外界条件改变得更慢。如果我们文化方面与过去高尚生活所伴随的典范受损，问题主要出在它们身上。由于机械时代产生的目标、渴望和目的与传统无关，就存在两种相对立的典范，掌握实权的那一方占据上风。由于双方是对立的，由于旧的那一个在文化和宗教方面保留着魅力和情感优势，新的那一个必然是粗糙狭隘的。因为旧的理想生活象征依然存在于思维中，并拥有忠诚度。条件已经改变了，但是生活中的方方面面，从宗教到教育到财产到贸易，都体现出观念和典范方面没有发生任何接近于转变的情况。象征物控制情感和思想，新时代没有与其活动一致的象征物。思想手段在构成有组织公众方面远不如公开手段适当。将人们结合在一起的关系数量繁多，既牢固又微妙。但它们是不可见的，无形的。我们沟通的手段是以前无法比拟的，但是与其一致的思想和渴望并没有进行传播，因此是不普遍的。如果没有这种沟通，公众将依然是模糊无形的，只能断断续续地追寻自我，但是只能抓住影子，抓不到实体。除非大社会变成大共同体，否则公众将一直消失。传播可以造就大共同体。我们的巴别塔（通天塔）不是一种语言，而是符号和象征，没有它们，共同经历是不可能的。

第五章

探寻大共同体

我们有时会顺便提到民主作为社会理念和政治民主作为政府体系的区别。两者当然是有关联的。除非这个理念体现在人类关系中，否则它就是空洞的。不过在讨论中必须把它们区分开来。民主作为一种社会理念比民主国家的含义更广泛更全面，即使民主观念最大程度上体现在民主国家上。民主理念要想获得实现，它必须影响所有形式的人类协会、家庭、学校、工业、宗教。仅就政治安排来说，政府机构也仅是确保理念有效执行的机制。很难说对政治机构的批评没有影响到信仰者的信念。因为，尽管这些批评是有道理的，正直的信仰者无法否认其中很多批评是有理有据的，但这只是激励了他的理念，寻找更恰当的机构发挥作用。不过，忠实信仰者坚定认为理念本身及其外部机构和组织是不能等同的。现有民主政府的对手普遍假设认为，对民主政府的指责触及了作为政治结构基础的社会和道德抱负。老话说，治疗民主的顽疾变得更加民主，但是，如果推出与现有机制一致的措施纠正弊端，或者改善并完善那一机制的话，是远远不够的。不过这种说法可能意味着需要回归到这个理念本身，或者阐明并加深我们对它的理解，利用我们对其含义的理解批评并评论其政治表现。

无论如何，我们现在是被限制在政治民主之内，我们必须重申，我们反对认为民主理念本身产生了民主国家所获取的政府行为：普遍选举权、选举代表、多数统治等。这一理念影响了具体政治运动，但并不是其起因。对传统忠诚的家族和王朝政府转变成了人民政府，这主要是科技发现和发明的产物，正是这些科技与发明改变了将人们结合在一起的习俗，而不是教条主义者的教条。我们所熟悉的民主政府的形式代表着众多事件的累积效果，其政治效果是偶然的，结果无法预测。普选、频繁选举、多数人统治、议会和内阁政府并非神圣不可侵犯的。这些事情是顺着潮流发展方向而逐步出现的手段，每一波潮流的出现都是之前的习俗在法律上的小小背离。这些手段都是目的，目的是满足强烈到无法忽视的需求，而不是推动民主理念。尽管存在各种各样的缺陷，但它们很好地满足了自身目的。

在事后经验的帮助下追溯往事，在过去那种情况下，最聪明的人也很难设计出能更好满足需求的方案了。不过，通过这种追溯式的回顾，可能看到伴随它们的教条式规划是不恰当的、片面的、绝对错误的。实际上，尽管被称作人性或道德的绝对真理，它们实际上只不过是政治口号，用来进行某些当前的政治煽动，或者证明某些急于获得承认的特定实际政体是合法的。教条被用作满足地方实用主义的需求。不过，鉴于它们是用于适应当前情况的，因而常常无法满足更持久更广泛的需求。它们阻挠政治基础，阻碍发展，因为它们被声称以及被当作最终真理，而不是指导社会实验的假说。无怪乎教条式规划急需修正和取代。

尽管如此，潮流依然稳定朝一个方向发展：民主形式。政府存在的目的是服务于共同体，除非共同体自身参与选择地方长官并决定自己的政策，否则这个目的无法实现，在我们可预见的范围内，这种形式需要与教条和形式共存，尽管后者是暂时的。它们并非民主理念的全部，但是在政治层面表达了民主理念。这种政治层面的信念并不是神秘的信仰，就像认为某种支配性天意使得儿童、醉鬼和其他残疾人能自助。它是根据历史事实得出的经过检验的结论。我们完全有理由相信，不论现有民主体制做出什么改变，都能让公众利益更好地指导并评判政府活动，能让公众更权威地形成并表现其目的。从这个意义上来说，治疗民主疾病的方式是更多民主。

正如我们所见，首要困难在于找到一种方法，使分散、移动以及多样化的公众充分意识到自己，并确定及表达自身利益。这一发现是机制发生根本性改变的必要前提。因此，我们并不重视提出明智的忠告，改善民主政治形式。很多建议已经被提出来了。思考这些改变并非头等要事，这并非贬低那些方案的相对价值。问题在更深层面上，这首先是思想问题：寻找“大社会”能变成“大共同体”的条件。当这些条件产生时，它们就会形成自身的形式。在它们出现之前，考虑什么政治机制适合它们纯属徒劳。

在寻找现存早期公众民主运动条件时，我们不妨从声明民主理念性质的通用社会意义开始。[1]从个人角度来说，涉及根据个人能力参与制定并指导个人所属群体的活动，并根据需要参与群体维系的价值。从群体角度来说，需要解放群体成员的潜力，与共同利益和商品协调。[2]由于每一个个人都是众多群体的成员，这种具体事项只有不同组织灵活与不同组

1 我所了解的对这种理想进行了最充分讨论的是托马斯·弗诺·史密斯的《生活民主方式》，1926。

2 这一段和下面几段的思考是关于杜威赋予“自我实现”或“成长”的重要性的，他认为“自我实现”或“成长”是评估共同体和公共组织重要性的中心原则。一方面，鉴于个人被禁止控制支配其生活的力量，成长原则就无法实现。另一方面，若个人所属的共同体和组织限制个人与共同体或组织所在的更广阔的世界进行相互作用，成长原则就无法实现。——译者注

织协作并完全与其他组织连接的情况下才能实现。抢劫团伙的成员会用与群体一致的方式展现他的力量，并受成员共同利益的指导。但他是通过压制只可能在其他群体中体现的潜能为代价实现的。抢劫团伙无法灵活地与其他组织合作；它只能孤立自己，采取行动。它必须阻止所有利益，除了在其隔绝期间围绕它的利益。但是一个良好市民发现他作为政治组织的成员是充实的，让他充实的是他参与的家庭生活、工业、科学和艺术协作。这是自由的平等交换：完整人格的丰富是可以实现的，因为不同组织的拉伸和回应能加强彼此以及彼此相应的价值。

作为一种理念，民主并非其他协作生活的理念的替代品。它就是共同体生活理念本身。它是一种典范，所谓典范就是其可理解的含义：也就是某种存在事物的趋势和运动走向其最大极限时，就被看作是完整的，完善的。由于事物无法实现那种程度，实际上会受到干扰和干预，从这个意义上来说，民主也不是事实，且永远也无法成为事实。不过从这个意义上来讲，现在和以前也并没有一个共同体能完全实现，没有一个共同体是不受外界因素干扰的纯粹共同体。不过，当共同体不受限制和其他干扰因素的影响并实现了发展的极限时，就可认为共同体理念或理想展现了协作生活的实际局面。只要某种共同行为的结果被所有参与其中的个人认为是好的，这种好结果激发了积极意愿和努力去维持它，就是因为这对大家都有好处，那么共同体就出现了。对共同生活方方面面的认识就构成了民主理念。

只有我们认定共同体是事实，并将这一事实记在脑中，从而澄清并加强其组成部分，我们才能实现民主理念，而不是作为空想乌托邦。民主理念常常伴随着一些概念和习惯，如果他们被看作实现了社区决定性特征的协会的标志和特点，就呈现出了真正的直接含义。孤立于共同生活之外的博爱、自由和平等是注定失败的抽象概念。这些概念各自坚持自身主张，导致多愁善感的感情主义，或者导致过度疯狂的暴力，反而无法达成自身目标。平等已经成为机械的信条，是虚假的事实，无法实现。要想实现平等，就要割裂将人们结合在一起的纽带；只要提出问题，结果就会是平庸的，仅仅在平庸和粗俗的意义上，善才是共识。自由继而被认为是独立于社会关系之外的，最终的结局是瓦解和无政府主义。把兄弟情从共同体观念中分离出来要难得多，因此，在用个人主义识别民主的运动中，它要么被实际上忽略了，要么成为感情附加标签。兄弟情与共同经历有关系，它也是刻意意识到的一种事务，是从所有人共同分享的联合中产生的，这种联合还为每个人的行为指出了方向。自由是安全释放及个人潜能的实现，只发生在与其他人有丰富多样联系的联合：也就是个人以自己的能力做出特殊贡献，并用自己的方式享受协会的成果。平等意味共同体每个独立个体不受妨碍地享有联合行动产生的益处。它是公平的，因为它只以需求和能力作为衡量标准，而不通过剥削某人交由他人占有而衡量。婴儿在家庭中是平等的，并非因为他具有的结构品质与他人一样，而是迄今为止，他获得了照料，他成长的需求并没有因为他人力量、财产以及成熟技能方面的优势被牺牲掉。平等并不意味着数学或物理上的等同，一个原件可以取代另一个。它给予每个人的特殊性和独特性以实实在在的尊重，无关身体和心理上的不一致。这并非自然获得的，而是共同体的成果，在共同体特征的指导下获得的。

共同或联合行为是创造共同体的条件。共同体本身是物理的，有机的，而共同生活是精神上的，也就是通过情感、思想和意识维持的。人类像原子、恒星质量和细胞一样直接而无意识地结合在一起，它们的分裂和排斥也是直接无意识的。人类这样做是因为自身结构，就像男人和女人结合，婴儿寻找乳房，乳房向婴儿提供所需。他们那样做是因为外界条件，外部压力，就像原子因为电荷的存在结合或分裂，或者像绵羊因为寒冷而挤成一团。相互行为无须解释，它们就是那样的。共同行为集合本身并不会构成共同体。但是作为能观察能思考的人类，人们的思想因为冲动而成为感情和利益，“我们”不可避免地将成为“我”。只有在认识到共同行为结果且它成为渴望和努力的目标时，“我们”和“我们的”才会存在；正如“我”和“我的”只有在作为共同行为独特的一份获得肯定和主张时才会出现。人类协会的起源或许是有机的，运行或许是坚定的，但是只有在联合的结果开始被认知，且受到重视并被追捧时，人类联合才发展成为人类意义上的社会。尽管一些作家认为“社会”是有机体，它也不会因此而成为社会。随之而来的是相互作用、相互影响、实际发生的事务以及相互依赖的结果。参与活动以及分享成果是附加条件。它所要求的先决条件是沟通。

合作活动发生在人类之间；但是当没有其他事务发生时，它不可避免地发展为其他形式的相互关联的活动，就像铁和水中氧分子之间的相互作用。发生的事情完全可以从能量角度描述，或者，正如我们从人类相互作用的角度所说，可以从力的角度描述。只有在活动及其后果的符号或标志存在的时候，才能从外部观察到持续运动，才能对它们进行控制和管理。闪电击中并劈裂一棵树或一块岩石，剩余的碎片开始继续进行相互作用进程，持续不断。当不同阶段的进程显现出迹象时，新的媒介就介入其中了。由于符号是相互关联的，事务发展进程的重要关系作为含义被记录并保存下来，回忆和预见成为可能。新的媒介让计算、计划和新型行动更加便利，从而以符合预见和期望利益的方式干预事物发展进程。

符号反过来依赖并促进沟通。[1]共同经历的结果得以思考及传播。事件无法从一个人传递给另一个人，但是事件的意义可以通过符号分享。需求和冲动依附于共同含义。需求和冲动从而转变为渴望和意图，由于渴望和意图含有共同的且被相互理解的含义，所以它们成为新的纽带，将共同活动转变为利益和努力共同体。因此就产生了所谓的共同意志和社会意识：个人的欲望和选择是为了进行活动，这些活动可以通过符号手段传播，是所有相关人员共同进行的。共同体因而代表了一种能量秩序，并转化成一种含义，由参与共同行动的人领会，并由大家向彼此说明。“力”并没有消除，而是在使用和指导的过程被观念和情感通过符号的方式转化了。

联合行为的物理有机阶段转变为团体行为，充满有共同含义的相互利益，并受其制约；这一行动通过符号手段转变为理念和渴望的目标，这些变化既不是同时发生的，也没有完成。在任何时刻，这都是一个问题，而不意味着已经达成的成就。

---

1 《民主及其问题》中的很多地方杜威都认为交流是民主生活的中心，蕴含着社会变革的可能。的确，他在作品中经常称交流是成为人类的关键。读者可以通过他的文集中三个展开阅读查看他对交流的重视，他如何阐明语言和交流塑造了人类生活及其公共维度。参见《我们如何思维》（1910），《人性和行为》（1922），《经验和本性》（1925）。——译者注

我们生来就是与他人相关的有机体，但我们并非生来就是共同体的成员。年轻人需要通过教育了解作为一个社区标志的传统、视野和利益：也就是通过不间断的教导和学习明显关联现象之间的联系。所有人类特有的事物都是习得的，而非与生俱来的，尽管如果没有人类区别于其他动物的与生俱来的结构，是没有办法习得的。用人类的方式学习以及达到效果并不仅仅是为了完善原始能力，并获得额外技能。

学习成为人类就是通过平等沟通发展作为共同体独立独特成员的感觉，成为能理解领会共同体信仰、渴望和方法的人，能为有机力量转变为人类资源和价值做出进一步贡献的人。不过这种转化永远没有尽头。人类犯罪的本性，人类本性中顽固不化的一面一直存在。每当人们通过武力而不是通过沟通和开化实现目的时，这一面就展现出来。当作为共同生活产物的知识和技能手段被用于服务于个人需求和冲动，无视共同利益时，这一面就表现得更为精细、深入而有效。“自然”经济学说认为，商业交换将带来相互依赖，从而自动带来和谐，卢梭已就此做了充分解释。他指出，相互依赖只是提供了可能性，利于更强更有能力的人为了自身利益利用他人，使他人居于从属地位，可作为活的工具被使用。他提出的纠正方法是回到以孤立为主的相互依赖状况，严格地说几乎是无意义的。不过这种方法的孤注一掷证明了这个问题的紧迫性。这种方法的消极特征相当于放弃了解决问题的所有希望。相比之下，它指出了唯一可能解决方式的性质：改善意义沟通的手段和方式，从而使相互依赖活动结果的真正共同利益能指导渴望、努力以及直接行动。

这意味着，这个问题是道德问题，需要依赖智慧和教育。我们在之前的解释中充分强调了技术和工业因素在创造“大社会”方面的作用。我们的解释可能意味着从经济角度解释历史和机构的版本获得最终接受。否认经济事实是愚蠢无用的。经济因素并不会因为我们拒绝注意或者用多愁善感的理想主义诽谤它们就不发挥作用。正如我们指出的，经济事实可产生行为的明显外部条件，这些条件拥有不同程度的充分性。工业力量的结果产生什么影响取决于是否意识到了结果并对结果进行沟通，取决于是否有远见以及远见对渴望和努力的影响。经济机构在单纯物理层面上仅凭自己只能产生一种结果，还有另一个层面是共同体积累的知识、技能和技术不平等地随机传递给共同体成员。当对结果的知识平等分配时，产生的后果是不同的，人们的行为也因已获知的真正共同利益感而变得活跃。经济学说解释常常忽视含义带来的转变，它忽略了新媒介的沟通作用可以调节工业及其最终结果之间的紧张关系。它过于关注损害“自然经济”的假象：这种假象是因为在理解和公布自然经济的真实和可能结果时，未能意识到其中的区别。它考虑的是前提，而非结果；起源，而非产物。

在明显离题之后，我们回到了之前讨论最激烈的问题："大社会"进一步无限接近"大共同体"，并成为真正民主社会和国家的可能条件是什么？在何种条件下我们可以合理描述公众从"大共同体"笼罩下出现了？

这份研究将是理性的，或者是假设性的。我并不会试图指出所需条件是如何出现的，也不会预言它们的出现。分析的目的是说明除非确定条件实现，否则"共同体"无法组成发挥民主作用的公众。这并不是说满足了所有提出的条件就足够了，不过至少它们是不可缺少的。换句话说，我们应该努力提出一个关于民主国家的假设，与之前被事物进程证明无效的学说形成对比。

回忆可知，之前的理论有两个关键组成部分：一是认为每个个人都具有所需的智力，根据个人利益参与政治事务；二是认为普选、经常性选举官员以及多数人的统治足以确保当选统治者为公众的需求和利益负责。正如我们所见，第二个概念在逻辑上是与第一个结合在一起的，其成立或不成立都取决于第一个概念。这个体制的基础是李普曼所说的"全权"个人理念：人们有能力制定政策并判断其结果；能够知晓所有需要他们为了自身利益采取政治行动的情况，有能力实施他们的良好理念和意愿，避免对立力量。后来的历史证明这种假说是不切实际的想法。如果不是错误心理学误导性的影响，这种不切实际的想法可能已经提前被察觉了。不过，现有哲学认为，想法和知识是思想或意识的功能，源于个人与物体的单独接触。但是实际上，知识是联合或共同体的功能，取决于社会性传播、发展以及获得批准的传统、工具以及方法。实际观察、思考和要求的能力是社会文化和机构影响下习得的习惯，而不是现成继承而来的能力。人们的行为遵循不熟悉的情感和习惯，而不是理性思考，我们非常熟悉这一事实，以至于很难真的认为其他看法是经济和政治哲学的基础。对其真实性的衡量来自于对相对较小规模的精明商人和对当地稳定小型社区居民的观察，这些商人通过算计和会计管理企业，社区居民对当地的人和事非常了解，他们足以就提议的措施对自身关注事物的影响做出判断。

习惯是人类行为的主要原因，习惯在很大程度上是因一个组织习俗的影响形成的。人类的有机结构使习惯得以形成，因为，不论我们是否愿意，不论我们是否有意识，每一种行为都会对未来行为的态度和状态产生影响。群体习惯构成习俗和机构，习惯对群体习惯的依赖是形成初期无助性的结果。詹姆斯曾彻底阐明了习惯的社会后果：习惯是社会的巨大飞轮，是最宝贵的保守影响。它仅凭一己之力就把我们维持在法令的纽带之中，使夫人的孩子免于遭受穷人起义。仅凭一己之力就避免了最艰苦最令人厌恶的行业被那些生来就要从事这种行业的人摒弃。它让渔民和甲板水手在冬天也待在海上；它让矿工待在黑暗中；把农民固定在小木屋里，在漫长的冬季孤独地农作；它保护我们不受沙漠和寒冷地区居民的入侵。它让我们注定根据环境或早期选择而奋斗，尽最大努力追求最好的生活，因为我们不适合别的行业，重新开始也太晚了。它避免不同生活阶层混淆。

习惯的影响是决定性的，因为所有截然不同的人类生活都需要学习，学习的心脏、血液和肌腱是创造习惯。习惯以既定的有序行为方式约束我们，因为它使我们对熟悉的事物产生安心、技巧以及兴趣，也因为它激起了我们对从事其他行业的恐惧，丧失了尝试其他行业的能力。习惯并不排除使用思想，但是它决定了思想运行的渠道。习惯藏在思想的间隙。水手、矿工、渔民和农民思考，但他们的思想在他们所熟悉的职业和关系框架内。我们的梦想会脱离习惯的限制，但是我们极少把空想变成打破舒适的行动来源。太少见了，以至于我们把做了这些事的人称为有魔力的天才，并对这种情况表示惊奇。思考本身成为遵循某种路线的习惯，成了特殊日常活动。科学家、哲学家、文人都不是打破习惯束缚的人，而习惯的束缚使得理性和情感变得更加纯粹。他们是拥有特殊少见习惯的人。因此，人类为了自身利益被有智慧有计划的考虑推动的看法纯属谬论。即使自爱原则促进了行为的发生，人们所找到的自己热爱的事物、构成了他们独特兴趣的事物依然是由反映了社会习俗的习惯所决定的。

这些事实解释了为什么新工业运动的社会空谈理论家没有预见到工业运动带来的结果。这些事实解释了为什么事情改变得越多越相似，也解释了为什么民主政治机构没有带来预想中的广泛的革命，而主要是把既定权力从一个阶级转到了另一个阶级。少数人，不论他们能否很好判断自身真正利益和长处，都有充分能力判断能获得金钱利益的商业，以及如何让新政府机构满足自己的目的。可能只有新的人类种族才能逃脱政治形式造成的习惯，逃脱根深蒂固的习惯、旧机构和习惯性社会地位的影响，同时在期待、渴望和需求上存在自身特有的限制。这种种族，除非他们是脱离了肉体的天使，否则也需要承担起人类脱离类人猿状态时获得的任务。除非发生突然的灾难性革命，否则必要的历史延续有了双重保证。不仅个人的渴望和信仰具有习惯和习俗的功能，客观条件为行为提供了资源和工具，客观条件与其自身局限性、障碍和限制也是过去沉淀下来的结果，其存在和力量是永恒的，不容分辩的。为了建立新秩序而创造出一片空白是相当不可能的，活跃的革命者是否有希望以及恐怖保守者的胆怯都将化为乌有。

不过，改变的发生是累积性的。观察他们受到承认的结果能引发思考、发现、发明和试验。当积累的知识、技术和手段达到某种程度，改变的进程就会加快。现在，这已经成为它的主要特点。不过，任何理念和要求的相应改变都存在显著滞后。观念习惯是所有习惯中最坚强的，当它们成为第二本性，可能被扫地出门时，它们会像第一本性一样暗地里坚定地爬回来。当它们被修改时，改变一开始呈现消极一面，表现为旧信仰的瓦解，代之以非固定的、不稳定的以及偶然取得的观念。当然，人类所掌握的知识总量大大增加，但是或许比不上错误和流行的片面真理数量增加的幅度。尤其在社会和人类事务中，决定性感觉和有辨别力的判断方法的发展速度比不上粗心的报道以及故意歪曲动机的发展步伐。

不过，更重要的是，这种知识并非普通意义上的知识，而是“科学”。这个引号并非随意使用的，而是表明科学事物的技术特征。外行把某种流传的结论当作科学。但是科学探索者知道，只有与达成它们的方法结合在一起，它们才能称为科学。即使它们是对的，也不因其正确性而成为科学，而是因为用于达成它们的工具。这种工具高度专业化，需要更多劳动获得使用及了解它们的能力，比使用人类拥有的任何工具都更需要技巧。换句话说，科学是一种高度专业化的语言，比任何天然语言都更难学习。它是一种人造语言，并非说它是虚假的，而是说作为复杂技艺的成果，它致力于特定目的，不能通过学习母语的方式掌握或理解。它又的确是可以理解的，有时候，一些教导方式能被想出来，让外行听懂或读懂科学材料，即使他们自身并不使用科学工具。

对于大多数科学工作者之外的人来说，科学对于初学者来说是神秘的，他们已经习惯于遵循将世俗之人排除在外的固定仪式。他们是幸运的人，懂得欣赏创造了复杂仪器的方法：分析方法、实验性观察、数学公式和减除、反复详细的检查和测试的方法。对于大多数人来说，手段的真实性只在实际事物的实体中，在机械装置和触及生活本身的技术上被发现。对于这些人来说，电被发现是通过他们使用的电话、电铃和点灯，通过他们驾驶的汽车的发电机和磁电机，通过他们乘坐的有轨电车。他们所了解的生理学和生物学得自于帮助他们保持健康的医生，以及要对细菌采取防范措施。人性这种本应该与他们关系最密切的科学对他们来说是深奥难懂的，除非用于广告、推销、人员挑选和管理。最后，通过精神病学，科学蔓延到生活中和大众意识中，即使是现在，通俗心理学也是一堆行话，一摊烂泥，一些迷信，不值得医疗工作者花费大把宝贵的时光。

与此同时，科学这种复杂装置的技术性应用革命性地改变了共同生活进行的条件。这或许是通过提议提出并获得赞同的事实。但它并不是以人们所知的方式被了解的。人们并不像了解操作的某些机器或像了解电灯、蒸汽机车一样了解它们。

人们并不了解改变是如何发生及其如何影响人们行为的。不了解“如何”，人们就无法使用并控制其表现。人们经历了其后果，受到其影响。人们无法管理它们，尽管有些人足够幸运——常常被称作好运气——能够将进程的某些阶段为自己所用。但即使最精明最成功的人也无法用分析和系统的方式，即可与他通过经验的压力在次要事务上赢得的知识相提并论的方式，了解他身处其中的系统。技巧和能力在一个框架内运行，这个框架既不是我们创造的，我们也不了解它。有些人占据战略性职位，可提前获知影响市场力量的情报，通过培训和天性，他们获得了特殊技巧，可利用客观潮流改变自己的命运。他们可以在这里拦住潮流，在那里释放。潮流本身就在旁边，就像在河流旁边，某个心灵手巧的技师利用传授得来的知识成立了自己的锯木厂，用并非自己所种的树木生产木板。在一定范围内，成功人士是拥有知识和技巧的人，这是毋庸置疑的。但是与能干的机器操作者相比，这种知识并没有进步太多。他足以利用面前的条件。技术让他把附近的水流转向这条水道或那一条，并不是让他控制了水流。

为什么公众及官员应该更加明智更加有效，即使后者被称为政治家？民主组织公众的首要条件是一种尚不存在的知识和见解。当它不存在的时候，试图说明如果它存在会发生什么，是极为荒谬的。但是可以指出一些要想它存在需要满足的条件。我们可以从科学思想和方法获得借鉴，尽管我们对科学的特殊装置很无知。一个明显的要求是社会探究的自由以及探究结果的传播。即使人们没有表达和宣传，思想也是自由的，这一理念获得了持续宣传。这一理念的起源是因为思想念头是自我完成的，不受行动和目标的影响。当思维失去了正常功能时，这种现象就会出现，因为它被现实迷惑，而与现实相连的只有思维，思维因而被驱赶至隐蔽无力的空想状态。

如果不公开公众的所有结果，就不会有公众。不论是什么约束并限制了公开，限制及扭曲了民意，检查以及曲解了对社会事务看法。如果没有言论自由，社会探究的手段都无法发展。因为工具只有在使用中才能发展完善，通过应用观察、报道及组织实际主题；如果没有自由和系统性的沟通，这些应用无法实现。物理知识的早期历史，即希腊人对自然现象的概念证明，当思想的形成缺乏与它打算说明及解释的事件密切接触时，即使最有天赋的头脑形成的概念也是不恰当的。人类科学的主流思想和方法现在也依然是这种情况。它们也是在过去所有观察的基础上发展而来的，对新观察材料的使用并不多。

认为思想及其沟通是自由的，因为以前实行的法律限制消失了，这种看法是荒谬的。这种看法的流行表明社会知识还处于初级阶段。因为它蒙蔽了我们对主要需求的认识，即获得用作工具指导探究的概念，这种概念是得到验证、改正的，可用作实际用途。没有人也没有思想是仅仅因为独处而解放的。取消正式限制是一种消极条件；积极的自由不是一种状态，而是控制条件的行为，与方法和工具有关。经验显示，有些时候外部压制，例如审查，是一种挑战，可激发思想能量，激起勇气。但是相信并不存在的思想自由只会在实际上导致故步自封的自满，导致马虎、肤浅，以及用感觉取代理念：这是我们当前在社会知识方面的标志性特征。一方面，失去了正常进程的思考求助于学术专业性，可与经院哲学相提并论，另一方面，大量存在的宣传机构的使用很大程度上构成了现在宣传的含义：广告、宣传、侵入私人生活、用违背所有发展逻辑并让我们留在孤独入侵感和震惊等“感觉”本质的方式演绎过去的事件。

要想确定限制事实和观点自由交流及传播的条件是不对的，这种限制阻止且妨碍社会思想或探究，使用的是明显具有妨碍性的力量。的确，需要重视有能力为自身利益操纵社会关系的人。他们有一种神秘的直觉，能发现一丁点有可能侵占他们控制权的威胁。他们发展出了一套设备，通过使用阻碍自由探究和自由表达的技巧，将惯性、偏见和大众的党派偏见纳入他们一方。我们似乎通过雇佣被称为宣传代理人的意见推动者来接近政府，但是更可怕的敌人深深隐藏在隐蔽的沟壕中。

大众的情感习惯和思考习惯创造了条件，情感和观念的剥削者对其大加利用。在物理和技术事物方面，人们已经习惯了实验性方法，同时担心这种方法用在人类事物上。让恐惧更加灵验的是，像很多深层恐惧一样，它以各种各样的合理化为掩盖和伪装。最常见的形式是对既有机构真正宗教式的理想化以及敬畏：例如我们自己的政治、宪法、最高法院、私营财产、自由合约等等。讨论这些事情时，“神圣”和“神圣不可侵犯”等词语随时挂在嘴边。它们充当宗教式光环保护这些机构。如果“神圣”的意思是指不能接近也不能触碰，除非是通过仪式性的预防措施以及特殊指派的官员，那么在当代政治生活中，上述事物就是神圣的。由于超自然事物会渐渐被搁置在隐秘的沙滩，世俗机构特别是民族国家的宗教禁忌日益增加。[1] 精神病学家发现，精神忧虑最常见的原因是主体没有意识到的潜在恐惧，但这种恐惧会导致脱离现实，不愿意认真思考。有一种社会异常状态会大大阻挠向社会机构以及条件进行有效探究。它有一千种表现方式：吹毛求疵、无能为力的随波逐流、对干扰不安的冲动、把长期确立的事物理想化、作为掩饰的轻率乐观、不受约束地赞颂“本来如此”的事物、威胁所有异见者——这些方式对思想的压制和消耗都非常有效，因为它们巧妙、无意识而又无处不在。

---

1 民族主义的宗教特征在卡尔顿·海耶斯的文章“民族主义”中提出。

社会知识的落后性体现在它分为独立而又相互隔绝的学术分支。人类学、历史、社会学、伦理学、经济学、政治学各自为政，没有进行长期的、系统性且富有成效的相互作用。物理知识只在表面上有类似区分。天文学、物理学、化学以及生物科学一直在进行着交流借鉴。发现和改进措施得到很好记录和组织，交流和相互沟通一直在进行。人文课题各自为政是因为它们游离于物理知识。人们在思想中依然彻底区分人类生存的世界以及生存在其中的人，这种分离反映在人类自身身体和思想的区别中，现在人们认为，身体和思想可以分别对待。意料之中，过去 3 个世纪能量主要投向了物理探究，开始于与人们关系最遥远的事物，例如天体。物理科学显示出了特定顺序。构建新的天文学之前，需要用到数学工具。当根据太阳系得出的想法用于描述地球上的事物时，物理学就获得了进步。化学随着物理学的进步而进步，生物科学有赖于物理和化学的方法才能取得进步。只有得出生物学和生理学结论时，心理学才不是主要基于推测的理论。这是自然的，似乎无可避免。在某种程度上，需要掌握与人类利益关系最疏远最间接事物，探究才能充分集中于人类本身。

不过，科学发展进程让当代人陷入困境。当我们说一个科学学科学术上专业化或它是高度“抽象的”，我们的实际意思是它并非是针对人类生活的。所有的单纯物理知识都是学术性的，通过学术词汇交流，只有少数人能理解。甚至真正影响人类行为，改变我们的做法和经历使其不被理解和使用的物理知识也是学术性的。阳光、雨露、空气和土壤总是以可见的方式进入人类体验；原子和分子细胞以及大多数科学关注的其他问题会对我们产生影响，但并不是以可见的方式。由于它们进入生活改变经历的方式是感觉不到的，它们的结果无法意识到，关于它们的谈论是技术性的，沟通是以独特符号进行的。人们可能会认为，根本且持续的目标是把对实际情况主旨的了解转为可被普遍理解的术语，转为表明人类服务和伤害所造成后果的符号。因为归根到底，所有进入人类生活的后果都取决于实际情况；只有把后者考虑在内，它们才能被理解及掌握。因此，人们或许会认为，任何人类自身活动和遭遇不可知或无法沟通的环境事务都会被谴责为灾难。人们会认为它是无法忍受的，不论何时，只有在不可避免的情况下，才不得不忍受它。

但事实恰恰相反。在很多人看来，材料和物质代表的是轻蔑。它们被看作生命中完美价值的敌人，而不是看作完美价值的表现及其得以持续的条件。由于这种分裂，它们的确成为敌人，因为长期与人类价值分离的所有事物都会压制思想，导致价值缺失和不确定性。有些人甚至认为当代生活中唯物主义和重商主义的支配性地位是过度重视物理科学的结果，而没有看到人与自然之间的分歧——因之前没有意识到作为人类活动的实际情况产生的传统而人为造成的——是造成僵化的因素。影响最大的分裂形式是理论科学和应用科学之间的分离。由于“应用”意味着意识到了对人类经验和福祉的影响，尊重“理论”并思考什么是“应用”产生了冷门且技术性的科学，只能被专家所理解，以及以一种偶然、有偏见且不公正的方式分配价值的人类行为。被用作社会知识替代品的是无知、偏见、阶级利益以及意外。只有在应用中，科学才转化为有着光荣而显著意义的知识。否则它就是被删节的、盲目的、扭曲的。当它获得应用时，常常与“应用”和“功利”等不良的词语联系在一起，即被少数人用作谋取金钱利益的手段。

目前，物理科学更多应用于解决人类自身关心的问题。外在地讲，其成果是为了满足有产阶级的利益。在生活中的应用意味着科学获得了吸收和分配，它是共同理解和深入沟通的工具，是真正有效公众存在的前提。使用科技调节工业和贸易的进程也在稳步发展。17 世纪的科技革命是 18 世纪和 19 世纪工业革命的先驱。因此，人类受到了物理控制力大大扩大的影响，但是人类控制自身及自身事务的能力并没有随之增长。知识本身是有分化的，自身不完善的科学又存在人为分裂，这种科学导致男人、女人和儿童在工厂被奴役，作为活的机器操作死的机器。它产生了肮脏的贫民窟、迷惑不满的职业、难以忍受的贫困和奢华的财富。人们在和平时代野蛮开发自然和人力，在战争时代大量生产炸药和有毒气体。人类对自身的理解就像一个孩子，却手持能产生不可估量力量的工具。人类像孩子一样玩弄它，它带来危害还是益处全凭运气。工具成为主人，产生致命影响，就像它自身拥有意志一样。其实不是因为它有意志，而是因为人类没有。

在这种条件下，赞颂“纯粹的”科学是一种合理的逃避，是难民的避难所，是逃避责任。真正纯粹知识的存在并不是因为它没有受到使用和服务的污染。这完全是道德问题，关于探究和沟通过程中诚实、公正和慷慨程度的问题。知识的掺假不是因为使用，而是因为既定的偏见，因为片面的看法，因为虚荣，因为拥有财产和权力而自高自大，因为在使用中无视或轻视人类的关注。人类并不像以前认为的那样，是所有事物形成的目的；人类是渺小无力的，在广袤的宇宙中可能是偶发事物。但是对人类来说，人是利益的中心，是衡量重要性的标准。以人类为代价放大物理领域是放弃人类的出逃行为。把物理科学当作人类利益的敌人是很糟糕的，因为这会转移力量，后果是人们难以承受的。但是罪恶并不仅限于此。最糟糕的是，当自然知识和人类职能的联系切断后，人类对自身事务的了解以及规划自身事务的能力将从根本上受到打击。

我们始终在指出，知识是沟通，也是理解。我牢牢记着一个人说的话，从学院派的角度来看，他并没有受过教育：“有时候，它们会被发现，不仅被发现，也被了解。”学院派可能认为，一件事被发现时，就会被了解。我的老朋友知道，一件事只有在公开、分享以及可在社会上获得之后，才能完全被了解。记录和沟通是知识不可分割的部分。关在个人意识中的知识是虚构的，社会现象知识尤其依赖宣传，因为只有通过宣传，才能获取或检验这种知识。共同体生活事实如果没有向外传播，从而成为共有财产的话，它就是自相矛盾的。宣传并不是到处分散。播种的方法并不是随意撒播，而是刻意种植，期待它能生根，并有发芽的可能。沟通社会探究的结果就是舆论形成的种子。在政治民主的最终成型过程中，舆论是最初的想法。舆论是构成公众的人形成并持有的判断，是关于公众事务的。实现它的两个要素都很难满足。

公众舆论和信念以有效和有组织探究为前提条件。除非能发现发挥作用的能量，并在错综复杂的相互关系网络中追寻到它们的结果，否则公众舆论就是贬义的“意见”，不论这种意见传播得多么广泛。那些将错误当作事实分享以及传播错误理念的人就是破坏性力量。随意形成的意见，以及那些在让谎言为人们所信而谋利的人指导下形成的意见只是名义上的公众舆论。用公众舆论来称呼它，把这个名称当作保证，会增强它误导行动的能力。这种意见分享得越多，破坏性就越大。如果公众舆论不是持续发挥作用的调查和报告的产物，那么舆论即使偶然正确，也是无法持续的。只有在产生危机时才会发生。因此，其“正确性”只不过是即时紧急情况的产物。从事情发展的角度来看，缺乏持续性就是它的错误来源。就好像医生能在当下治疗急症，但是无法将其治疗方法用于产生疾病的潜在病因。他或许可以“治愈”疾病，也就是说，让疾病当前令人担忧的症状消失，但是他并没有治愈病因；他的治疗有可能让病因更加严重。只有持续探究，持续不仅指的持久性，也指的连贯性，才能提供公共事务持久舆论的素材。

有一种看法认为，即使在最有力的条件下，使用“舆论”这一说法也比知识合适，也就是说拥有判断、评价的含义。因为从严格意义上来说，知识只指已经发生及完成的事情。尚未完成的事情需要就不确定的未来做出预测，所有对可能性的预测都无法摆脱判断出现错误的可能性。实施的政策一定会存在分歧，即使政策计划是根据对同样事实的了解制定的。但是除非获取了知识，否则无法制定出真正的公共政策，而如果没有系统、深入以及设备完善的探寻和记录，这些知识就不会存在。

另外，探究要尽可能同时进行，否则就成了古文物研究者的爱好了。历史知识对知识的连贯性显然是必不可少的。但是历史如果不接触实际情况就会留下缝隙，只有通过猜测期间的事件才能对公共利益判断的形成施加影响。因此，现有社会科学的局限性明显得让人无法忽视。他们的材料在事件发生后很久才出现，因此无法有效参与对当前公众关心问题的公众舆论形成，也无法有效影响对事件的做法。

对情况的调查发现，通过物理和外界手段搜集世界局势信息远远超过了脑力阶段的探究和对探究结果的组织。从电报、电话到现在的无线电、经济迅速的信件、印刷媒体都获得了显著发展，能以低廉的成本迅速复制材料。但是如果我们询问记录了何种材料，它们是如何组织的，当我们询问材料呈现的思想形式时，局面就完全不同了。“新闻”意味着刚刚发生的事情，它之所以新是与旧的和规律的事物相对的。但是其意义取决于它能带来什么含义，取决于其社会结果。这种含义只有在新的与旧的对比，只有在新的置于已经发生的事物中间，并融入事情发展进程中的时候，才能决定。如果没有协调性和持续性，事件就不是事件，只不过是存在和干扰而已；事件意味着在它之外还有事情发生。因此，即使我们忽视个人利益对压制、保密和歪曲事实的影响，我们对新闻的琐碎性和“轰动性”特质也能做出解释。灾难性，也就是犯罪行为、家庭纠纷、个人冲突是最明显的破坏持续性的行为，它们是新典型，尽管有报纸的日期能告诉我们此事发生在去年还是今年，但它们是完全孤立于社会联系而存在的。

我们太习惯这种搜集、记录以及呈现社会变化的方式了，如果说真正社会科学展现在日报上，并以专门书籍以及文章作为探究的润色和完善的话，听起来有些荒谬。但是提供了知识并作为公众判断前提的探究必须是当前的每日发生的。即使社会科学听起来是更专业的探究工具，但是如果它不应用在日常不间断的搜集及解读“新闻”上的话，那么它在指导公众关心事件舆论方面就会显得力不从心。换句话说，脱离了当前事件的条件形成的社会探究工具是笨拙的。

适用于公众意见和判断的，同样也适用于知识的传播，这种知识是公众的有效占有物。所有割裂这两个问题的行为都是人为的。只有宣传和宣传系统的讨论需要重视，但只能由比当前作者更有经验的人撰写。因此，对于宣传，只能这样写：目前的状况是历史上前所未有的。民主政治形式和对社会事务的准民主思想习惯催生了某种程度的社会讨论，并至少在达成政治决策时模仿了普遍征询意见。代议制政府至少表面上看起来是以公众利益为基础的。政府连假装关心被治理人民的诉求都不需要的日子已经过去了。在旧制度下，没有必要涉足政治事务观念的来源。政治趋势并非来自这些意见源。现在，就政治事务形成的普遍观点非常重要，以至于影响其形成的所有方法都变得极为重要了。

控制政治行为最方便的办法是控制舆论。只要金钱利益足够强大，公众又尚未发现自身，那些在其中有利可图的人就有不可抑制的动机干预所有影响自身利益的政治行为的产生。就像在工业和交易中，技术因素受到“商业”的阻挠、转移和挫败，对宣传的管理也是如此。搜集并出售拥有公众重要性的主题是当前金钱社会的一部分。工程师在真正技术层面上进行的工业与工业现在的模样是截然不同的，与此相同的是，如果允许记者的真正利益自由发挥作用的话，新闻的搜集以及报道也将会是完全不同的局面。

这个问题的一个方面是关于传播的。人们常说，探究的自由和完善不会产生特别后果，这听起来非常对。因为人们声称受过教育的大众对学习及吸收精确调查的结果并不感兴趣。而除非这些调查结果获得阅读，否则无法深刻影响公众成员的思想和行动；只能依然留在图书馆隐蔽的角落里，只有少数学者研究学习。反对意见像人们对艺术能力的看法一样不受重视。技术上高端的表现形式只能吸引在技术上高端的人，对大众来说毫无吸引力。表现形式很重要，表现形式是一门艺术。一份报纸如果是社会学或政治学季刊的日报版本的话，发行量和受众都有限。不过即便如此，这种材料的存在且可为人们所获得就会有某些调节性作用。但是我们的目光不仅限于此。这种材料对人类有重大且广泛的影响，它存在本身就吸引着人们去介绍它，并产生直接的公众吸引力。换句话说，艺术家在文字表述方面的解放与解放社会探究一样，是就公众事务产生足够舆论的前提条件。人类有意识的观念和判断生活常常在肤浅琐碎的层面展开，但是它们的生命抵达了更深层次。艺术的职能一直是打破常规和惯例意识的外壳。鲜花、一缕月光、鸟鸣这样常见而非稀有难得的事物让人们探知了深层生命，并从而产生了渴望和思想。这一进程就是艺术。诗歌、戏剧、小说都证明了表现形式的问题并非不可解决。艺术家一直是新闻的真正提供者，因为真正新鲜的不是外界发生事物，而是新闻引发的感情、感觉和欣赏。[1]

我们蜻蜓点水地顺便讨论了“大社会”变成“大共同体”需要满足的条件。在协作行为后果不断扩大及纷繁复杂的社会里，只有社会一词被完全理解了，有组织的、有表达能力的公众才能出现。最高级、最复杂的探究以及微妙、精细、生动以

1 本段讨论与艺术的关系在杜威的文集中不无重要性，尽管他是顺带在文中提到这一点的。杜威一直认为艺术在整合共同体以及让公众世界更容易接触方面发挥着中心作用。读者可以比较杜威在此处的主张与他对艺术作用更全面的讨论，参见 1925 年的《经验和本性》以及 1934 年的《艺术经验》。——译者注

及敏感的沟通应该在传播和流通的物理机制中成为主导，并给它带来生命力。随着机器时代物理机制的完善，这一机制将成为生活方式，而不是专制的主人。民主自然会出现，因为民主是自由生活和丰富沟通的代名词。沃尔特·惠特曼曾对此做出过预言。如果自由社会探究与全面活动的沟通不可分割地融合在一起，民主就能圆满实现。

第 六 章

方法的问题

或许对大多数人来说，把前文所做的结论看作公众出现的条件似乎近乎否认民主公众理念实现的可能性。人们可能不论真假地指出短短几个世纪前自然科学兴起所面临的巨大障碍，作为证据证明无须丧失希望，也不要盲目迷信。但是我们关心的不是预言而是分析。如果下面这个问题能够搞清楚，对于目前的研究就足够了，即如果我们已经看到并确认公众这个重要的问题，在探索认识问题上，还有赖于以上问题的解决。我们建议以某些暗示和推论为依据，这样做实际上没有解决方法问题，但再一次成了理解这个方法的前奏。

要想就社会事务进行卓有成效的讨论，首先需要克服某些障碍，这些障碍存在于我们目前对社会探究方法的理念中。在这个过程中的障碍之一是一个看起来根深蒂固的理念，即最先以及最终需要解决的问题是个人与社会的关系，这个突出问题或决定个人主义与集体主义的相对优点或在它们之间进行某些比较。实际上，个人和社会这两个词都相当模糊不清，只要我们以相互对比的方式思考它们，这种模糊性就永远不会停息。

从粗略意思上讲，所有单独活动和行动的都可称为个人。从一般意义来讲，某种空间分离是个人的标志。某件事物若脱离其他事物作为一个单位站立、躺下或行动，都是个体，不论它是一块石头、一棵树、一个分子、一滴水或一个人。但即使普通常识也是有某种限制的。树木只有扎根于土壤才能直立生长，它的生或死取决于与阳光、空气和水的关系。树木也是相互作用的各部分的集合，树木比它自身的细胞更完整吗？石头似乎是作为整体活动的，但它是因其他事物才活动的，它的飞行路线不仅取决于最初的推动力，还取决于风和重力。随着锤子的落下，曾经的石头变成一堆粉状颗粒。化学家拿出一粒粉尘研究，它立刻化成了分子、原子和电子。然后呢？我们现在是否得到了独立而又不孤独的个体，抑或电子的单一、统一行动模式取决于与最初的那块石头的联系？或者它的行为依然是一种更多包含在内并互相影响的功能？

从另一个角度来说，我们需要把对个人这一理念的粗略估计与作为单一个体行动的存在对应起来。我们不仅要考虑其关联和纽带，还要考虑其行动和举措的后果。出于某种目的，为了达成某种结果，我们被迫说树是个体，对其他人来说，细胞是个体，还有些人认为森林或当地景观是个体。一本书、一页纸、对开两页纸、一个段落或打印机的行长是一个个体。让书成为独立单位的，是装订还是其中的思想？或者，根据特定情况下的相关结果，这些都是个体的定义？看起来，除非我们陷入常识的温柔乡里，把所有质疑都当作无用的谬论，否则无法在不提到区别以及之前和现在联系的情况下确定个人的含义。果真如此的话，不论个体是什么，都不是我们之前倾向认为的在空间上独立的事物。

这种讨论既不会刻意拔高，也不会刻意深入。但它会让我们对所有以分离为主的个体定义持谨慎态度。我们指出的，是与其他独特行为方式结合和连接的独特行为方式，而不是封闭的与其他一切无关的行为。每个人从某方面来说都是一种结合，包括大量各行其是的细胞。每一个细胞都受到与和它相互影响的其他细胞的制约和管理，我们坚持认为是出类拔萃个体的人类也受到与他人关系的影响和管理；他的所作所为，他的行为的后果，他的经验构成，都无法孤立描述。

不过尽管我们已经指出，协作行为是普遍法则，但是协作本身并不会构成社会。正如我们所知，需要对该行为的共同结果以及形成共同行为各要素有所了解，才能产生社会。这种了解产生了共同利益，是有关共同行为各方以及各成员贡献的共同利益。另外还存在真正社会性而非单纯协作性的事物。不过，认为社会会消除其本身部分特点，只为了对自身进行调整，是很荒谬的。它只能调整社会以及社会同类组织展现的特点。水中氧分子的活动方式与它在其他化学结合中的不同，但是作为水的组成部分，只要水是水，它就以水的方式活动。唯一可以理解的区别是关于氧在不同关系中的表现，即在水中与它在其他各种关系中，而不是在水中与氢结合的水和氧分子之间。

一个单身男子结婚之后，他所处的社群与单身时就不同了，也就是婚前婚后所处的社会关系是不同的。他有了新的权利和新的责任。他在其他关系中的行为与自己之前不同。他和他的妻子在婚姻中独特的角色也可能被对比及对照。但是作为婚姻的成员，他不能被看作他所在婚姻的对立面。作为婚姻的成员，他的特点和行为明显就是他本来就拥有的那些，相互联合是他在婚姻中地位的保证。我们之所以未能看到这一点，之所以对这种说法迷惑，是因为我们很容易就从一人的某种关系跨越到他的其他关系，不是把他看作一位丈夫，而是看作一个商人、科研人员、教会成员或公民，在那些关系中，他的行为及其后果显然与他在婚姻结合中是不同的。

对这一事实以及解读目前最好的例子是一种称为有限责任合资公司的关系。这种公司是一种综合性行为模式，有自己的权力、权益、责任和豁免权，与其单独成员在其他关系中的各项权利义务不同。在这种组织中，不同成员有不同的地位，如持股人以及负责某些具体事务的官员和主管。如果不牢记这些事实，就很容易产生人为的麻烦，这是经常会发生的。由于公司能做到其个体成员在公司之外的众多关系中所不能，所以问题在于公司共同联合与个人的关系上。人们忘了，作为公司成员的个人也是不同的，与他们其他共同行为而非公司中的角色相比，他们有不同的特征、权力和职责。但是不论公司成员根据各自在公司中的角色进行何种合理行为，公司也同样可以采取相对应的行为。整体团体可以区别对待，也可以整体对待，但是整体对待时，它是各个组成部分的整体；区别对待时，是整体内的区别。没有必要在部分和整体之间搞对立。个人无法反对他作为其不可分割整体的部分的整体，整体也无法反对作为其不可分割一部分的成员。

但是各组织之间可能是相互对立的，个人与个人可能对立；作为不同组织成员的个人自身或许是分裂的，从真正意义上来讲即是有矛盾的个体，或者说是一个相对分裂的个体。一个人作为教会成员是一种表现，作为商业团体成员又是一种表现。这种区别就像是在水密舱中，这种区别也可能达到引发内部冲突的程度。从这些事实可见，社会和个人之间存在普遍对立。因此，“社会”成为不真实的抽象概念，“个人”也同样不真实。如果一个人不需要结婚、成为教会成员或选民，也不需要归属于一个俱乐部或科学组织的话，他就可以脱离这个、那个以及其他组织，这在人们脑中形成了一种印象，即个人无须是任何组织的成员。根据这个前提，仅仅根据这个前提，出现了虚构的问题，即个人是如何结合在社会和组织中的，以及个人和社会现在是对立的，需要解决“调节”他们之间的问题。而同时，真正的问题在于组织和个人彼此都需要调节。

这个虚构的问题变得越来越严重，正如我们已经在其他的关系中指出，在社会迅速发展的时代，有特定需求和能力的新工业组织发现它们与政治机构和需求存在冲突。因此，人们很有可能忘记真正的问题是重建人们在协作行为中联合的方法和形式。这个问题呈现出的形式是个人的斗争，个人要从社会中解放自己，主张个人固有的或“天生的”自我权利。当新型经济协作形式变得越来越强大，对其他组织发挥过度的压倒性力量时，过去的谬误却依然存在。现在的问题变成了让个人作为整体处于社会的控制之下。这依然应该看作调整社会关系的问题，或者，从分配的角度，看作确保所有组织中所有个人成员更公平地释放能量的问题。

绕了一大圈，又回到了方法这个主题，这也是我们的目的。社会问题的讨论相对贫乏，很大一个原因是太多智力资源浪费在个人和集体关系的假想上了，同时也是因为这种假想影响着很多实际的问题。因此，思想从能产生成效的问题上转移了，即从对实际主题的调查转向了对概念的讨论。

通过之前对公众主题的研究发现，哪些事务应该尽可能留给自愿倡议和协议、哪些应该留给公众管理，这一问题取决于时间、地点和具体条件，只有认真观察和深入调查才能知道。因为这涉及结果，结果的性质以及意识到结果并就其采取行动的能力根据采取行动的工业和智力机构不同而有所区别。一个时期所需要的解决方法或分配性调整在另一种局面下则是完全不适用的。这种社会变革是从集体到个人的，反之行不通。它一方面包括社会整体的持续分配，另一方面是个人能力和能量的分配。个人发现，他们的个性被某种机构化的支配性协作模式吸收，个人从而受到限制而压抑。他们或许认为，他们呼吁的是单纯的个性解放，但实际上，他们所做的是增加在其他协作中分享的自由，从而释放更多个人个性，增加个人经历。生活变得毫无创造性，不是因为"社会"对个人拥有优势，而是因为一种形式的协作，例如家庭、宗族、教堂、经济机构，对其他实际或可能形式的支配优势。换句话说，对个人实行"社会控制"实际上是管理某些个人的行为及其后果，从而让更广泛的个人拥有更全面更深入的体验。鉴于只有了解了实际条件的操作模式和结果，这两个目的才能实现，因此，我们可以自信地宣称，对公众事务社会思考的主要敌人是无用无效的思考渠道，太多智能浪费在其中了。

第二个有关方法的问题是与此密切相关的。通常来说，政治理论具有哲学的绝对特征。这指的远不止哲学的绝对真理。即使表面看起来经验主义的哲学理论也具有某种终极目的性和永恒性，可以这样说，它们不具有历史性。它们的主题孤立于联系而存在，脱离了联系的主题不足以称为主题了。从它们假定的社会现象特征可以推断出，它们认为在关于人类本性的社会理论中，理所当然存在某种固定的标准化“个人”。因此，密尔（Mill）讨论道德和社会科学逻辑时说道：“社会现象法则不过是在社会状态下联合在一起的行动和情感法则。不过，社会状态下的人依然是人，他们的行为和情感符合独立个人人性法则。”[1] 显然，在这种表述中，忽略了个人“行为和情感”来自于个人实体，包括他们的信仰和目的，取决于他们生存的社会媒介；他们一直受到当代传播文化的影响，不论以顺从或是反抗的方式，至多是人类的有机结构或其生物学构成属于同一属性。认识到这一点显然是非常重要的，同样明显的是无法从中推断出人类协作的独特特征。因此，尽管密尔害怕形而上的绝对论，但从逻辑上说，他的主要社会概念是绝对论的。他假定在所有时期和所有正常社会生活条件下，某种规范化调节性的社会法则都是存在的。

---

1 约翰·斯图尔特·密尔：《逻辑体系》，1850 年。

进化原则只从表面上修改了关于方法的理念。因为“进化”本身常被认为是非历史性的。也就是说，人们认为注定存在固定阶段的进程，社会必须沿着这一进程发展。根据从当时物理科学中借鉴而来的概念的影响，人们理所当然认为社会科学相当可能拥有一致性。用这种逻辑研究社会探究自由实验是致命的。当然，对经验主义事实的研究还是会进行的，但是研究结果需要符合特定的现成的二手成规。当物理事实和法则被观测到并获得使用时，社会变化就发生了。现象和法则没有改变，但是根据它们做出的发明改变了人类处境。因为一旦这种发明对人类生活发生了影响，就会出现管理它们的力量。发现疟疾并没有改变其起因，但是人们最终改变了疟疾产生的条件，也就是排水系统以及沼泽，而且也可以采取其他预防措施。如果了解了经济扩张和收缩循环法则，即使不能消除，也立刻就能寻找措施减轻这种摇摆。如果人们能了解社会机构如何工作，其结果如何发挥作用，人们立即会采取措施保留受欢迎的结果，防止不受欢迎的结果。通过最简单的观察，就能得出这种结论。它对社会物理统一性的认识十分关键，但其重要性没有获得足够重视。社会生活“法则”实际上是关于人的法则，与工程法则类似。要想得出某种结果，就要找到并采用某种手段。达成这种局面的关键是脑中对想要达成的结果有明确认识，有达成结果的手段，当然，还需要有所喜好，从而达成某些结果比其他结果更受欢迎。这些都是一段时期内流行文化的结果。

社会知识和艺术的落后当然与对人性或心理学的了解落后有关，自然科学获得了对物理能量的控制，因而认为心理学的充分发展必然带来对人类活动的类似控制是荒谬的。因为，对人性的了解将以难以预料的方式直接改变人性活动，从而需要新的管理方法，周而复始，没有止息。心理学提高的主要作用在于教育方面，这是一种分析，而不是预言。粮食生长和肉猪的疾病现在完全成为政府补贴和关注的主题。而调查青少年生理和心理健康的机构却依然处于萌芽时期。我们投入大量资金建造校舍和硬件设施。但是系统性以公共资金探究影响儿童思想和道德发展的条件刚刚开始，且人们对在这方面大量增加支出的要求持怀疑态度。

这种教育上的发展尽管极为宝贵，但其对人类能量的控制远远比不上已经实现的对自然能量的控制。把两者进行对比只不过把人类降到了可从外部机械性操纵的无生命物质的行列；让人的教育等同于驯化跳蚤、狗和马。起阻碍作用的并非“自由意志”，而是这种教育手段的改变会释放新的潜能，可进行各种变更和结合，从而修改社会现象，这种修改又会持续不间断地影响人性和教育转变。

换句话说，人文科学与自然科学的同化代表着另一种绝对逻辑，一种物理绝对论。毫无疑问，控制我们思想和道德生活的物理条件的进程已经开始了，尽管尚在初期。生理化学对神经系统以及腺体分泌的了解越来越多，或使人类能在走投无路之前应对情绪和思想上的波动现象。但是控制了这些条件并不能决定人类如何使用正常潜能。如果有人认为可以的话，让他想想蛮荒文化和现代社会中人们所采取的补救或预防措施吧。在社会媒介条件不发生重大改变的情况下，人类经历和方向会受到人类环境的目的和手段的影响，也通过这种目的和手段维持荣誉。士兵和商人将成为更好的士兵和商人，更高效，但他们依然是士兵和商人。

这些看法简要讨论了当前绝对论逻辑对教育方法和目的的效果，不仅仅是指学校，也指社区试图塑造其成员性格和信仰的所有方式。尽管教育进程并不是为了现有机构的永恒存在，但人们认为个人和社会一定存在一种思想画面或某种渴望的目的需要去实现，这种固有的决定性目的控制着教育进程。改革者和保守派都持有这种信念。列宁和墨索里尼的信徒在竞争社会领导时，试图形成一种理念，使预想目标成为现实。如果两者存在区别的话，那就是前者是自觉主动意识。实验性社会方法或许通过使自己信服这种理念。在知识解放允许的范畴内，人们将采取一些手段，确保用最好的物质和社会条件围绕年轻人，让他们发挥个人潜能。他们形成的习惯将确保他们满足未来社会的要求以及未来社会的发展状态。所有社会机构都将成为确保实现更好社区生活的可用资源。

我们称为逻辑主义的逻辑结束了，只要我们讨论社会事务的方法，就要用替代概念及其逻辑关系探讨。不论采取什么形式，结果都是加强了教条。他们的内容可能多种多样，但是教条是一样的。一开始，我们在国家的讨论中注意到了寻找因果力量方法的影响。很久以前，自然科学就摒弃了这种方法，开始寻找事件之间的相互关系。我们的话语和思想中依然充满了一种理念，即现象“遵循”法则。但是在实际进程中，对自然事物的科学探索者只把法则看作变化之间稳定的相互联系，一种对方式的表述，当某种特定现象变化时，另一种现象，或现象的某个方面或某个阶段也会随之变化。“因果关系”是有历史顺序的，是一系列变化发生的顺序。简而言之，了解因果就是了解相互变化的公式，实际上，就是了解按顺序发生的事件。对因果力量的喜好不仅误导了对社会事实的探究，还同样严重影响了目的和政策的形成。持“个人主义”或“集体主义”的人，他们的行为进程早就已经确定了。对他们来说，不是找到需要做的特定事情，并根据情况找到最好的做事方法，而是遵循对终极原因性质的看法，用采取强大快速的理念完成它。他们无须发现变化之间具体的相互关系，无须追踪复杂事件的特殊顺序和历史。他们提前知道必须要做什么，就像古老的自然哲学中，思想家提前知道一定会发生什么，他们需要做的，只不过是提供包括定义和分类的逻辑框架。

当我们说思想和信仰应该是实验性的，而非绝对性的，我们所说的其实是某种特定逻辑方法，并不是像实验室进行的那种实验。这种逻辑包含如下因素：首先，对于所有系统性知识来说不可分割的概念、普遍原则、理论和辩证发展出现并经过检验，成为探究的工具。其次，对社会行为的政策和提议被看作有效的假说，而不是需要严格遵守和执行的项目。它们是实验性的，意思就是，在对结果持续的观察中，它们是一个需要考虑的问题，并根据观察到的结果随时灵活调整。社会科学如果满足这两项条件，就能成为调查的工具，并能对结果进行记录和解读。这种工具本身就不再被看作知识，而被看作发现社会重要现象并理解其含义的思想手段。即使遵循最好的进程，尝试最好的政策，判断上的不同意见仍将继续存在。但是在缺乏证据情况下根据所持信念形成的意见，其数量和重要性都会减少。根据特殊情况产生的观点不再会固化为绝对标准或伪装成永恒事实。

这段讨论可看作民主公众关系专家的结论。之前对政治民主的负面讨论基本上已经结束了。因为那种负面讨论是基于王朝或寡头贵族的，这些人的权力已经被剥夺了。现在起主导作用的寡头政治是有产阶级。他们统治的理由不是血统或世袭地位，而是管理能力和承担的社会责任，以及出众能力所赋予的地位。无论如何，这种寡头政治都是不断变化的，其组成成员迅速变化，或多或少受到他们无法控制的事件或技术创新的影响。因此，现在情况颠倒了。人们认为这种特殊寡头政治压制性力量的对手是思想上的贵族统治，而不会关注被忽略的异变的大众，他们的利益被认为是肤浅琐碎的，只有在面临严重偏见时，大众的判断才会从轻视中得到关注。

人们可能认为，民主运动本质上是过渡性的。标志着从封建制度到工业主义的过渡，与此同时，权力从土地所有者以及教会权威转向了工业资本家，而且大众从之前困住他们的法律限制中解放出来了。不过人们实际上主张，把这种法律解放转变为一种信条，即认为从以前的压迫中解放出来，授予了被解放者某些思想和道德品质，让他们有能力共同管理国家事务，这种看法是荒谬的。民主信条的基本谬论在于，历史运动导致限制解除，这影响重大，从而成为被解放者能力的来源或证明，而实际上，这两者之间并不存在共同因素。明显的替代做法是由智力上合格的人来统治，即专家型知识分子。

认为哲学家应该当国王的柏拉图式理念复兴，并更具吸引力，因为哲学家被专家所取代，哲学家已经成为一个笑话，而由于自然科学的崛起以及工业行为的发展，专家的形象熟悉且受人喜爱。[1] 愤世嫉俗的人可能认为这一理念是白日梦，是知识分子阶层的空想，是为了弥补理论和实践分离的无效结果，弥补专门科学与生活实际的疏远；这种鸿沟不是由知识分子连接的，而是由工业领袖雇佣的发明家和工程师连接的。当推论证明了其起因，就能更加接近事实。如果像假设中所说的那样，大众在智力上那么不可救药，他们在所有情况下都有太多欲望，太多权力，不会允许专家获取统治权。如果他们像所说的那样无知、偏见、轻率、嫉妒、不稳定，不适于参与政治事务，那么他们就更不会被动地把统治权交给知识分子。一个有产阶级的统治可以掩盖自己不为大众所知，但专家统治是无法掩盖的。只有知识分子心甘情愿成为经济利益最大化的工具时，这种统治才能发挥作用。否则他们就需要与大众联盟，这再次意味着与后者共同治理。

另一个更严重的缺陷在于，专家治理在专门性技术事物上更容易实现，即已经形成令人满意政策的行政和执行事物。人们通常认为，专家政策基本上既明智又仁慈，旨在保护社会的真正利益。精英统治的最大障碍在于大众缺乏强有力的声音，最好的不再是最好的，聪明人也不再是聪明人。知识分子无法

---

1 杜威所指的是柏拉图在《共和国》中提出的哲学王思想转变为沃尔特·李普曼在《公众舆论》中确认的专家组织思想。——译者注

垄断管理公共事务的知识。一旦专家成为特殊阶层，就脱离了对他们应该为之服务的阶层的了解。

民主政治形式最大的特点是，即使初级政治形式也实现了普选、多数人统治等，从某种程度上来说，它们涉及咨询和讨论，能发现社会需求及问题。这一事实是政治账户上最大的资产。托克维尔（De Tocqueville）近一个世纪前在美国民主前景调查中写下了这一点。他指责民主倾向于选举庸才做统治者，并承认激情迸发和愚行公开。他指出，人民政府比其他形式的政治规则都更有教育意义。它强制性承认存在共同利益，尽管这种对共同利益的认识是混乱的；进行讨论和公开则部分澄清了这一认识。穿鞋的人最了解鞋挤不挤脚，哪里挤，尽管做鞋的专家最了解如何纠正问题。人民政府至少创造了公共精神，尽管它鼓舞这种精神并不太成功。

专家阶级不可避免地脱离了共同利益，成为拥有私人利益和私人知识的代表，从社会事务上来看，这些知识对解决社会问题用处不大。人们常说，选票可以代替子弹。但更值得注意的是，由于需要计票，迫使人们提前求助于讨论、磋商和劝说等方式，而诉诸武力的本质就是要停止使用这种方法。少数服从多数原则就像其批评者说的一样愚蠢。但它从来不仅仅是少数服从多数原则。作为务实的政治家，塞缪尔·蒂尔登（Samuel J. Tilden）很久之前曾经说过：“更加重要的是多数之所以成为多数的手段”，提前进行讨论，调整看法以迎合少数派的观念，给予后者机会，让他们相信下次可以成功成为多数派，从而让少数派达到相对满意。想一想某些欧洲国家关于“少数派的问题”的含义，并把它与拥有人民政府的国家中少数派的地位进行对比。的确，很多创新且有价值的事物都开始于少数派，可能少到只有一个人。重要的是，给予这种看法传播并为多数人所占有的机会。专家政府如果不给公众机会，让他们告诉专家他们的需求，那就只能是为少数人利益服务的寡头政治。启蒙运动必须迫使政府专家考虑公众的需求。领导人和掌权者给这个世界造成的伤害远大于公众。

换句话说，最基本的需求是改善辩论、讨论以及劝说的方法和条件。这才是公众的问题。我们之前主张认为，公众的改善从本质上取决于解放并优化探究进程以及探究结果的传播。探究的工作实际上交给了专家。但是他们的专业性并不体现在制定和执行政策上，而是在发现和公开前者所依赖的事实上。他们是技术专家，也就是科学调查和展示专业技能的能手。很多人并不拥有进行所需调查的知识和技能，但他们需要有能力判断其他人就共同关注问题提供的知识所能产生的影响。

人们很容易夸大进行判断以实现目的所需的智慧和能力。首先，我们很可能根据现有条件形成判断。但是不容置疑的是，目前的大麻烦在于缺乏做出良好判断的数据，固有思想体系无法弥补事实缺乏的问题。除非探究和公开取代了保密、偏见、偏爱、误解、宣传以及单纯的无知，否则我们无法知道社会政策对现有公众智慧的判断有多恰当。如果上述问题得到解决，我们一定会比目前更进一步。其次，实际智慧不是天生的、固有的天赋。不论与生俱来的智慧如何（我们暂且承认智慧可以是与生俱来的），思想的实际状况取决于受到社会条件影响的教育。专门化的思想和过去的知识具体体现在工具、器具、设备和技术上，有一定智慧，但不足以使创造它们的人现在可以聪明地使用它们，因此，公共知识的洪流也会这样影响社会事务。

智慧具体化所决定的行动水平一直是很重要的。在野蛮文化中，优秀的人比同时代的人优秀，但是他在很多事情上的知识和判断远远落后于先进文化中一个才华一般的人。能力受到现有对象和工具的限制。它们更依赖于传统和机构习俗决定的主流关注和利益习惯的影响。意义能够在作为传播工具的语言、思想中流行，这是最重要的。一个电工可以谈论欧姆和安培，牛顿（Sir Isaac Newton）在他那个时代都做不到。很多摆弄过收音机的人可以判断法拉第做梦都没有想过的情况。我们并不是要讨论如果牛顿和法拉第活在现在，业余者和电工和他们相比是不是像婴儿一样幼稚。这种反驳只是为了提出一点：差别是源于思考的对象不同以及流通的含义不同。充满更多知识更有智慧丝毫不会改善原本的天赋，但是会提高所有人智慧运行的水平。这种水平的高度对于公众事务的判断远比智商差异更重要。桑塔亚那（Santayana）曾经说过："如果更好的体系在我们生活中占主要地位，我们的思维就会建立更好的秩序。人类多次反复回到野蛮主义和迷信行为并不是因为缺乏敏锐的感觉、个人天赋，也不是因为外部世界缺乏持续的秩序，而是因为缺乏好的品质、好的榜样和好的政府。"智慧是个人天赋或个人成就的理念是知识分子阶层最大的异想天开，就像商人阶级认为财富是源于他们个人的工作和资产一样。

这一点与我们相关的结论超过了思想方法的领域，进入了社会条件实际改善的问题。从共同体最深刻最丰富的含义上来讲，它应该经常保持面对面的沟通。这就是为什么家庭和邻里尽管有诸多不足，却一直是培养后代的主要自然单位，稳定形成了人们的性情，让他们获取了作为性格根源的思想。从自由、全面的相互联系方面来看，大共同体是可以实现的。但它永远无法拥有地方共同体的所有品质。决定地方联合关系并丰富其经验的工作终将由地方共同体完成。外部不受控制的机构对地方共同体的侵入和部分破坏是目前这个新时代不稳定、瓦解以及躁动等标志性特征出现的直接原因。邪恶不加鉴别一视同仁地出现在工业主义和民主面前，深入想一想，它或许来自于地方共同体的错位和不稳定。限制在一定范围之内的重要而全面的情感只能产生于密切相互交往中。

地方共同体有没有可能在非静态情况下保持稳定，在非单纯动态情况下保持进步？巨大的、数不清的、错综复杂的跨地方联合洪流能不能聚集起来且进行引导，从而将它们可能承担的大量丰富含义传递给人与人之间有直接接触的较小较亲密的人类联盟？有没有可能恢复较小的公共组织并向其成员渗透及传递一种地方社区生活感？目前，至少在理论上有一种运动不同于“地方性”组织原则，而是“职能性”，也就是说，职业性的组织。的确，原来的地方性组织结构无法满足目前的需求。的确，共同工作形成的关系，不论称为工业还是职业，都拥有之前所没有的力量。但是这些关系只有脱离了直接交往和情感，才能形成持久稳定的组织，这一组织同时也是灵活变动的。只要这一理论依赖远程的间接机构，那么只要它一付诸实践，就会面临当前局势下所有的问题和罪恶，只不过转化了形式。密切直接交往和情感的活力和深度是没有东西可以取代的。

据说，为了世界和平，我们必须了解外国人民，这话没错。我不禁想，我们对隔壁邻居了解又有多少呢？还有说法称，如果一个人不能爱他可以看到的同类，就无法爱看不到的上帝。如果没有密切邻里经验带来对邻居的洞察和了解，会看重关系疏远的人的可能性也不大。一个在日常生活中看不到的人或许能引发敬仰、模仿、服从、狂热的党派忠诚、英雄崇拜，但是无法引发爱和理解，除非是来自对身边团体的情感。民主必须发源于家庭，这个家指的是和睦的共同体。

研究面对面社区重建的前景并不在我们讨论的范围之内。但是人性本身内有一些深层东西向往固定关系。趋向稳定的惯性和倾向属于情感和渴望，也属于民众和个人。充满内涵和平和的喜悦只能出现于与他人的持续关系中，它们能达到相当深的层次，以至于进入有意识的经验之下，形成其难以撼动的基础。没有人知道，生命中空洞的激情、运动的狂躁、焦躁的不满、人为模仿的需求多大程度上是在疯狂地寻求某些东西的表现，只为了填满直接共同体经历中将人们联系在一起的纽带缺失后所留下的空虚。如果人类心理中有什么是可靠的话，那就是当人们不安地苛求遥远的不能带来持续满足的事物时，人类思想会转而在自身寻找平静和秩序。我们再次重申，这只能在至关重要的、稳定的深层关系中寻找，这种关系目前只存在于直接共同体中。

不过，这种心理倾向只有在与客观事情发展的和谐结合中才能体现。如果试图看一看事情的趋势是否脱离了能量扩散和运动加速度，就会陷入麻烦。不论从物理上来讲还是从外表上来看，都要趋向集中；以农村人口为代价促进城市发展；企业组织财富聚集、各种组织的发展都是充分证明。不过与大型组织相应的是地方社区关系的瓦解、非个人色彩的纽带取代了个人团体、与稳定相对的流动性。我们的城市、有组织商业的特征以及综合性组织的本质是个性化的流失，这也证明了这个事实。不过也存在相反的迹象。“社区”和社区活动已经成为理想词汇了。本地化也是普遍化，是最接近绝对的事物。我们很容易就找到很多迹象证明无意识的机构以及刻意安排让地方社区经历变得如此丰富，导致他们成为其组成成员真正的兴趣、利益和奉献中心。

尚未解答的问题是，这些趋势能在多大程度上重新填补家庭、教会和邻里瓦解后留下的真空。我们无法预期结果。但是我们可以自信地声称，并不存在什么内在力量能影响统一标准化、流动性以及无形的关系，这些问题解决不好将直接对社区运行结果反馈至地方家庭的运动产生致命阻碍。统一化和标准化可能是个人潜能分化和解放的潜在基础。它们或将跌至无意识习惯的程度，在生活的机械阶段被看作理所当然，并奠定个人感情和天赋丰富稳定地发育的土壤。流动性最终将有助于遥远及间接相互作用和相互依赖的成果回流至地方生活，使地方生活保持灵活性，避免过去发生在稳定性上的不景气，并用富于变化丰富多彩的经历丰富它。组织自身并不是结束。它将不再是机械性的和表面的，不再阻碍艺术天赋的自由发挥，不再用门当户对的锁链束缚男人和女人，不再把所有不适合组织自动活动的事物看作自给自足的存在。作为目标的组织会加强个人主义，通过授予它靠自身无法获得的资源而使个人主义得以保持。

不论未来如何，有一件事是确定的。除非恢复地方社区生活，否则公众无法充分解决最急迫的问题：寻找并定位自己。一旦它重新建立，就会展现对意义和产品全面、多样和自由的支配和享用，这是过去的协会中没有见到过的。因为它将是活跃的、灵活的，同时也是稳定的，能对它所处的复杂世界局面做出回应。尽管是地方性的，但它并不孤立。广泛的人际关系将提供取之不尽源源不断的价值，其前景将被持续看好。领土国家和政治边界仍将继续存在，但它们不会成为壁垒，通过限制人与人之间的交流剥夺其经验。它们也不会是硬性的牢固分割，把外部分界转化为内心的嫉妒、恐惧、怀疑和敌对。竞争仍将存在，但更多的不是为了获取物质产品，而是地方共同体丰富直接经历与享有思想和艺术财富。如果技术时代能给人类提供稳固普遍的物质安全基础，就会被人文时代所取代。它将作为分享和沟通经验的工具。但是如果不经历技术年代，人类就不可能获得自由、灵活和多彩的生活，这种条件如此不确定，不公平，必须通过激烈竞争获得。

我们曾说过，思考民主社区以及有表达能力的民主公众出现的条件让我们从思想方法问题进入了实质性程序。但是这两个问题并没有关联。只有地方性公共生活成为现实，确保创造性思维传播的问题才能解决。符号、标志和预言是沟通手段，通过它们，兄弟般的共同经历才得以出现和维持。但是直接交往中意味深长的话与书面对话中固定确定的话语相比有重大缺陷。对影响协会及其传播的所有条件进行系统性持续的书面探究是创造真正公众的前提条件。但这种探究及其结果都只不过是工具，其最终结果是通过礼尚往来方式以面对面的沟通方式实现的。实现这一点的逻辑又要归因于“对话”一词的原始含义。如果想法不经交流、分享并通过表达获得新生，就只不过是自言自语，而自言自语只不过是破碎的、未完成的思想。与获取物质财富一样，它与通过共同努力创造并经由交换进入个人手中的财富是不同的，听起来更文雅，更高尚。但是在性质上没有区别。

换句话说，社区积累传播的智力财富（这些财富可以使得物质、偏见和多变基础上形成的对民主的控诉无效）能扩大并加强个人理解力和判断力，这种理解和判断可以解决地方社区中人与人之间的个人交往中产生的关系问题。与其他相比，与听觉相关的重要且持续的思想和情感的联系比视觉密切且多样化。视觉是旁观者，听觉是参与者。出版是局部的，公众获得的信息是部分的，直到信息的含义口口相传，公众才得以形成。个人智慧天赋始于社会智慧，社会智慧来自地方社区中人与人之间的口头传播，在此基础上获得的有限个人智慧天赋的自由扩展是不受限制的。这一点且只有这一点让公众舆论得以实现。爱默生（Emerson）曾经说过，我们生活在一个巨大的信息库中。信息库是隐匿的，它的传播是支离破碎模糊不清的，直到拥有本地共同体作为媒介，这种状况才能大为改观。

杜威年表

1859 年 10 月 20 日 约翰·杜威出生在佛蒙特州伯灵顿

1879 在佛蒙特大学获得文学士学位

1879—1981 宾夕法尼亚州石油城高中任教

1881—1882 佛蒙特夏洛特市湖景高中任教

1882—1884 求学于约翰·霍普金斯大学研究生院

1884 获得约翰·霍普金斯大学博士学位 密歇根大学哲学系讲师

1886 与爱丽丝·奇普曼结婚

1887《心理学》

1888《对莱布尼茨哲学的批评性解释》

“民主伦理学”（对民主的首次公开思考）

1888—89 明尼苏达大学精神和道德哲学教授

1889 密歇根大学哲学系主任

1891《伦理学关键理论大纲》

1894 芝加哥大学哲学系（包括心理学和教育学）教授兼系主任

《伦理学研究教学大纲》

1896 芝加哥大学附属中学创始人

1897 当选为赫尔馆协会董事会董事（最初是刚刚抵达的欧洲移民安置点）

1899《学校与社会》

1899–1900 美国心理学会主席 《逻辑理论研究》

1904 哥伦比亚大学和师范学院哲学教授

1905 美国心理学会主席

1908《伦理学》（与詹姆斯·海登·塔夫茨合著）

1909 NAACP（全国有色人种协进会）创立的支持者

1910《我们如何思维》《达尔文对哲学的影响》

1915–1916 美国大学教授协会主席（为推进学术自由而成立的组织）

1916《民主主义与教育》《论实验主义逻辑》

1919 日本演讲

1919–1921 中国演讲

1920《哲学的改造》

1922《人性与行为》

1924 访问土耳其学校

1925《经验与自然》

1926 访问墨西哥学校

1927《公众及其问题》

1927 爱丽丝·奇普曼·杜威去世

1928 访问苏俄学校

1929—1936 人民游说组织主席（代表工会和穷人推进并实现社会民主承诺）

1929—1933 全国独立整治行为联盟委员会主席（致力于建立第三个政党）

1929《对确定性的寻求》

1930《新旧个人主义》

1930 从哥伦比亚大学教职退休，任命为荣誉退休教授

1932《伦理学》（与詹姆斯·海登·塔夫茨合著，修订版）

1933《我们如何思维》（修订版）

1934《共同信仰》《艺术即经验》

1935《自由主义与社会行为》

1937 莫斯科对托洛斯基审讯指控调查委员会主席，墨西哥城

1938《逻辑：探究的理论》

1939《自由与文化》《经验与教育》

1946 与罗伯塔·（洛维茨）·格兰特结婚

《知与被知》（与政治学家阿瑟·费舍尔·本特利合著）

1952 年 6 月 1 日 在纽约去世